Inhaltsverzeichnis

III Spiele im Wasser

IV Anhang

SPORTSTUNDE GRUNDSCHULE

Herausgegeben von
Stefan König und Klaus Roth

„Wenn Kinder etwas lernen, liegt es an den Lehrern. Klassengrößen, finanzielle Ausstattung der Schule, Strukturfragen – alles zweitrangig. Das hat der Bildungsforscher John Hattie vor Jahren in einer internationalen Metastudie festgestellt."

Milena Reimann „Die ZEIT" Nr. 37, 7. September 2017

Bibliografische Information der Deutschen Nationalbibliothek
Die Deutsche Nationalbibliothek verzeichnet diese Publikation in der Deutschen Nationalbibliografie; detaillierte bibliografische Daten sind im Internet über http://dnb.d-nb.de abrufbar.

Bestellnummer 2850

www.hofmann-verlag.de

Fotos: Walter Fogel

Erschienen als Band 5 der „Sportstunde Grundschule“

Druck: Druck- und Kalender-Marketing Sosset GmbH, Kißlegg

Printed in Germany · ISBN 978-3-7780-2850-6

Vorwort

Im Wasser können Schülerinnen und Schüler u. a. schwimmen lernen, zusammen mit Partnern und/oder Materialien spielen und Neues probieren. An diesen speziellen Bewegungsraum müssen sich einerseits einige Primarschüler erst gewöhnen, andererseits eignen sich Bewegungen im Wasser für eine lebenslange sportliche Betätigung, die auch gesundheitsprotektiv sein kann.

Die Autoren haben sich bei der Konzeption des Schwimmbuches vor allem an den Bildungsplänen der 16 Bundesländer, der altersspezifischen Interessenlage der Schwimmschüler, am Schwimmfix-Konzept und der oft knappen Unterrichtszeit orientiert. Das Label „Bewegen im Wasser" – die Kennzeichnung im Bildungsplan von Baden-Württemberg – signalisiert, dass die Schüler im Schwimmunterricht eine Vielfalt an fachspezifischen Teilkompetenzen und fächerübergreifenden Kompetenzen erwerben können.

Die Herausgeber Prof. Dr. Klaus Roth und Prof. Dr. Stefan König haben mit ihren verlegerischen und fachdidaktischen Vorgaben wesentlich zum Gelingen des Buches beigetragen. Wir bedanken uns vor allem bei Prof. Klaus Roth für seine unendliche Geduld, seine sachkritischen Anmerkungen und seine fachkundigen Ratschläge. Die fachspezifischen Änderungsvorschläge von Frau Elke Rinderknecht, die u. a. die 29 Unterrichtseinheiten und die 40 Spiele kritisch bewertet hat, waren für die Autoren außerordentlich hilfreich. Ein besonderer Dank gilt dem Profi Walter Fogel, der einmal mehr mit seinem fotografischen Können und seinen sportpraktischen Erfahrungen im Wasser und unter der Wasseroberfläche Bewegungssituationen und Lehr-/Lernsituationen fixiert hat. Die Fogel-Fotos sind nicht nur äußerst informativ und ästhetisch, sie machen immer auch neugierig. Dank gilt selbstverständlich den kompetenten und engagierten Mitarbeitern des Hofmann-Verlages, die an der Entstehung des Buches beteiligt waren.

Wir hoffen, dass das im Schwimmbuch vermittelte Schwimmfix-Konzept den Lehrenden der Primarschulen und den Übungsleitern der Vereine hilft, den Schwimmunterricht zu planen, zu organisieren und die Schüler zu begeistern, d. h. ihnen „Spaß im Nass" zu vermitteln.

An allen Heidelberger Grundschulen wurde von 2006 bis 2016 das Schwimmfix-Konzept dank der großzügigen finanziellen Unterstützung der Manfred-Lautenschläger-Stiftung realisiert. Ab 2018 wird das Projekt von der Landfried-Stiftung unterstützt. Wir danken für dieses großzügige Engagement

Klaus Reischle
Heidelberg, im Sommer 2018

I

Theorie an der Unterrichtspraxis orientiert

1 Einleitung

Im Sportunterricht sammeln Schüler u. a. Bewegungserfahrungen und Erfahrungen mit den Mitschülern, die „... in anderen Handlungsbereichen kaum oder gar nicht möglich sind (Volkamer, 1987, S. 27). Sport und insbesondere die Sportart Schwimmen bieten Gelegenheiten, „auf die Umgebung einzuwirken und sich selbst als ein aktives und wirksames Wesen zu erfahren" (Flitner, 1984, S. 51).

Das Wasser ist eine Bewegungssituation, an die sich die Schüler erst gewöhnen müssen und die sie zur Bewältigung herausfordert. In ihr können die Schüler Selbstwirksamkeit erfahren, spielen, sich vergleichen, einander helfen und später mit leistungssportlichen, präventiven oder rehabilitativen Zielsetzungen trainieren (Abb. 1).

Eine am Institut für Sport und Sportwissenschaft der Universität Heidelberg durchgeführte Datenerhebung belegt, dass viele Schüler der Primarstufe nicht oder nur „halb" (<10 m) schwimmen können

Abb. 1: Das Beherrschen einer Schwimmart bzw. von mehreren Schwimmarten ist Basis um unterschiedliche Erfahrungen zu sammeln.

Tab. 1 Anzahl der Nichtschwimmer und Halbschwimmer in Baden-Württemberg

Klassenstufe	Schülerinnen	Schüler
Klasse 1	67,6%	68,4%
Klasse 2	53%	54,3%
Klasse 3	41,8%	44%
Klasse 4	30,4%	32%

(Tab. 1). Das bedeutet, dass diese Schüler wichtigen Erfahrungen in der Bewegungssituation Wasser erst später oder sogar nie sammeln können.

Ein qualifizierter Schwimmunterricht in der Primarstufe kann allerdings dazu beitragen, dass erstens die Schwimmschüler prinzipiell die in Abbildung 1 gelisteten Erfahrungen sammeln, und zweitens die Ertrinkungsunfälle – jeder einzelne Fall ist eine Tragödie – weiter reduziert werden. Eine bundesweite Erhebung (Stemper & Kels, 2016) ergab, in Abhängigkeit von der Wetterlage, eine sehr unterschiedliche Anzahl an Ertrinkungsfällen pro Jahr, z. B. 93 Schüler im Jahr 2001 und 18 Schüler im Jahr 2012.

Abkürzungen, Fachbegriffe und Metaphern werden im Glossar (s. Anhang) erläutert. Die Begriffe Schwimmschüler und Schwimmlehrer werden nachfolgend mit SchSch und SchL abgekürzt und beinhalten selbstverständlich immer auch die weibliche Form.

2 Grundschullehrpläne

In der Mehrzahl der Bildungspläne wird das Sportfach mit dem Label „Bewegen im Wasser“ gekennzeichnet. Es wird demnach erwartet, dass die Schüler im Unterricht nicht nur eine Schwimmart oder mehrere Schwimmarten lernen (Abb. 2), sondern auch etwas probieren, tauchen, spielen, springen, sich vergleichen und toben. Diese didaktischen Vorgaben sind richtig und wichtig, können allerdings an vielen Primarschulen, u. a. wegen der fehlenden fachkompetenten Lehrkräfte, nicht umgesetzt werden.

Die Lehrenden orientieren sich bei der Planung des Schwimmunterrichts und bei den Vorbereitungen der anstehenden Unterrichtsstunden an den Vorgaben der Kontingentstundentafel, an den Standards, Kompetenzen und Teilkompetenzen, die von den Bildungsplänen vorgegeben werden.

Abb. 2: Schwimmschüler sammeln Erfahrungen in der Bewegungssituation Wasser

2.1 Kontingentstundentafel

Die Kontingentstundentafel legt für jede Schulart fest, wie viele Jahreswochenstunden insgesamt in den Schuljahren bis zum Abschluss des Bildungsgangs (hier: Primarstufe) den Lehrenden zur Verfügung stehen. Wie diese Jahreswochenstunden auf die einzelnen Klassenstufen verteilt werden, entscheiden die einzelnen Schulen. Sie erhalten damit pädagogischen Freiraum und können die Verteilung der Stunden nutzen, um Schwerpunkte zu setzen. Beispielsweise können Schulen Jahreswochenstunden verschieben und dann Extrastunden für den Unterricht mit den Nichtschwimmern einplanen.

2.2 Standards, Kompetenzen, Teilkompetenzen

Die Standards definieren die Kompetenzen (= fachübergreifende Fähigkeiten und Kenntnisse) und die Teilkompetenzen (= fachspezifische Fertigkeiten) des jeweiligen Unterrichtsfaches, die die Schüler am Ende eines Kurses oder am Ende des Schuljahres erreichen sollen.

Ein SchSch ist nach einem Schwimmkurs kompetent, wenn er z. B. das eigene Können, etwa in Rückenlage schweben, in fertigkeitsübergreifende Handlungen, z. B. einem ängstlichen Mitschüler Bewegungshilfe anbieten, transferieren kann und will. „Es kommt nicht nur darauf an, dass die Schülerinnen und Schüler das [Schwimmen] lernen, sondern auch darauf, was sie beim [Schwimmunterricht] darüber hinaus lernen“ (Kurz, 2008, S. 217).

Die Teilkompetenzen und Kompetenzen sind interne Leistungsvoraussetzungen, die dem „sichtbaren“ äußeren Verhalten (= Performance) – zugrunde liegen. Performances sind im Gegensatz zu den Teilkompetenzen/Kompetenzen beobachtbar und messbar.

Bei einem verantwortlich durchgeführten Schwimmunterricht wird die Ausprägung von motorischen, emotionalen, kognitiven und sozialen Teilkompetenzen, bei engagierten Schülern, durch adäquate Unterrichtsarrangements positiv verändert. Das bedeutet,
- die SchSch lernen und üben (→ motorische Teilkompetenzen),
- die SchSch spielen (→ emotionale Teilkompetenzen und soziale Teilkompetenzen),
- die SchSch probieren etwas und lösen Bewegungsaufgaben (→ kognitive Teilkompetenzen),
- SchSch helfen (→ soziale Teilkompetenzen).

Das Unterrichtsfach „Bewegungen im Wasser“ – ein Ländervergleich

Die Standards der Bundesländer für den Schwimmunterricht der Primarstufe sind nur teilweise vergleichbar. Das betrifft z. B.:

- Die Bezeichnung des Fachs „Schwimmen“: Es wird in den Bildungsplänen nicht einheitlich, u. a. mit den Begriffen „Bewegungen im Wasser“, „Im Wasser bewegen/schwimmen“, „Schwimmen und Tauchen“, „Schwimmen, Tauchen, Wasserspringen“, „Sich im und auf dem Wasser bewegen“ betitelt.
- Den Umfang des Schwimmunterrichts: Nur der Bildungsplan von Baden-Württemberg und der LehrplanPlus von Bayern fordern den Schwimmunterricht für zwei Klassenstufen (Klassenstufen 1 oder 2 und 3 oder 4).
- Die Formulierung der Lernziele/Anforderungen, z. B. Bayern und Hessen: Seepferdchen; Hamburg: Jugendschwimmabzeichen (Bronze).

Nachfolgend werden einige ausgewählte Vorgaben aus den verschiedenen Bildungsplänen vorgestellt:

- Statischen Auftrieb und Widerstand erfahren und ausnützen, Gleichgewicht stabilisieren.
- In Bauch-, Rücken- und Seitenlage schweben und an der Wasseroberfläche und unter Wasser gleiten (mit und ohne Partnerhilfe).
- Unter Wasser ausatmen („Hock- und Sinkschwebe“) und unter Wasser die Augen öffnen, um sich zu orientieren, kurze Strecken tauchen und in die Tiefe tauchen (>1,80 m).
- Vielseitiges Bewegen im Wasser (mit/ohne Materialien), u. a. mit Lauf-, Fang-, Staffel- und Ballspielen.
- Sprünge im und ins Wasser aus unterschiedlichen Positionen, mit unterschiedlichen Ausführungen, mit und ohne vollständiges Untertauchen.
- Schwimmartspezifische Arm- und Beinbewegungen ausführen und Teilbewegungen kombinieren.
- Eine Schwimmart sicher beherrschen, d. h. Armzug mit Beinschlag und mit Atmung koordinieren und ein 200-m-Streckenintervall bewältigen. Weitere Schwimmarten, wenn ausreichend Unterrichtsstunden zur Verfügung stehen, probieren.

- Sachsen: „Beherrschen einer Schwimmtechnik, vorrangig Brustschwimmen".
- Sachsen-Anhalt: „200 m sicheres Brustschwimmen" und „25 m in einer Wechselschlagtechnik schwimmen".
- Hessen: Am Ende der Grundschulzeit sollen die SchSch die Anforderungen des Schwimmabzeichens Bronze beherrschen.
- Ausdauerndes und schnelles Schwimmen üben, wenn ausreichend Unterrichtsstunden zur Verfügung stehen.
- Baderegeln/-hygiene, Sicherheitsmaßnahmen, Selbst- und Fremdrettung behandeln.
- Vielfältige Bewegungserfahrungen im Wasser sammeln, u. a. tauchen, schweben und gleiten (in Rücken- und Bauchlage, sich auftreiben lassen, unter Wasser ausatmen).
- Angst und Furcht abbauen. Im Wasser spielen, probieren und üben. Im Wasser einatmen und unter Wasser ausatmen.
- Verschiedene Sprünge ins Wasser und im Wasser probieren.
- Merkmale von ausgewählten Schwimmtechniken grobkoordiniert lehren/lernen und kombinieren.
- Schwimmbewegungen mit der Ein und Ausatmung koppeln.
- Am Ende der 4. Klasse mit einer Schwimmart sicher schwimmen können.
- Schnell und ausdauernd schwimmen können.
- Sich unter Wasser orientieren, kurze Strecken tauchen, nach Gegenständen im schultertiefen Wasser tauchen.

3 Didaktischer Ansatz

Die Ziele und Inhalte des Schwimmunterrichts für Nichtschwimmer orientieren sich an den Standards der Bildungspläne, die für die Phase „schwimmen lernen“ länderübergreifend mehr oder weniger vergleichbar sind (Kap. I-2), selbstverständlich aber auch an den örtlichen Gegebenheiten. Wegen der zu geringen Stundenzahl wird der Schwimmunterricht in der Regel nur in einem Schuljahr mit maximal einer Schwimmstunde pro Woche angeboten.
Diese zeitliche Reduktion bedingt, dass meist nur die Vorgaben der Standards, die u. a. in Baden-Württemberg für die Klasse 1 oder 2 gelten, von den Lehrenden angeboten und von den Schülern bewältigt werden.

Die Lehrenden müssen sich, wenn die SchSch erste Erfahrungen (Kap. I-3.1) in der Bewegungssituation Wasser gesammelt haben, für eine sogenannte Erstschwimmart entscheiden. Nach dem Anforderungsvergleich (Tab. 2) sind die Schwimmarten Rücken und Kraul die Schwimmarten, die sich als Erstschwimmarten eignen.

Der Bewegungsablauf des Brustschwimmens, insbesondere des Brustbeinschlags, ist eher schwierig zu lernen (Tab. 2). Wenn jedoch diese Technik einigermaßen beherrscht wird, dann können, im Vergleich zum Kraulschwimmen, bald größere Strecken mühelos zurückgelegt werden.

Der Zeitaufwand, der für das Erlernen des Brustschwimmens notwendig ist, steht den Lehrenden der Primarstufe allerdings meist nicht zur Verfügung, d. h. eine Entscheidung für die bewegungsverwandten Schwimmarten Kraul und Rücken ist unserer Ansicht nach zwingend. Darüber hinaus ist Kraul die Schwimmart der Wahl, wenn später, u. a. gesundheitsprotektiv, längere Strecken geschwommen werden.

Wichtig: In jeder Unterrichtseinheit sollten die SchSch etwas lernen (Kap. I-3), spielen und etwas probieren (Kap. II-7).

In Anlehnung an das Kombinations-, das Vielseitigkeits- und das Grobformprinzip (Gildenhard, 1986) wird empfohlen, dass zunächst,

Tab. 2: Einfach (+) auszuführende versus schwierig (–) auszuführende Technikmerkmale der Schwimmarten in der Lernphase Grobkoordination (u. a. ohne regelmäßige Ein- und Ausatmung)

Technikmerkmal / Schwimmstrecke	Brust	Kraul	Rücken	Schmetterling
Gesicht im Wasser (–) oder Gesicht nicht (++) oder nur zeitweise im Wasser (+)	+	–	+ +	–
Orientierung unproblematisch (+) Orientierung problematisch (–)+	+	–	–	–
Körperlage unproblematisch (+) Körperlage problematisch (–)	+	+	–	–
Kopf ständig eingetaucht und dadurch Gewichtsentlastung, kein Stellreflex (++) Kopf nicht ständig eingetaucht (–)	–	++	++	–
Ausatmung ins Wasser	+	–	+	–
Grobkoordinierter Armzug unproblematsich (+) Grobkoordinierter Armzug problematsich (–)	+	+	+	–
Grobkoordinierter Beinschlag unproblematsich (+) Grobkoordinierter Beinschlag problematsich (–)	– –	+	+	–
Kopplung von Armzug und Beischlag unproblematsich (+) Kopplung von Armzug und Beischlag problematsich (–)	–	+	+	–
Bewältigung einer kürzeren Strecke (z. B. 10 m) nach vergleichbarer Lerndauer	–	+	+	–
Bewältigung einer längeren Strecke (z. B. 200 m) nach vergleichbarer Lerndauer	+	–	–	–
Summe	+ 6x – 5x	+ 7x – 4x	+ 9x – 3x	+ 0x – 10x

also vor dem Erlernen der einfachen vortriebswirksamen Teilbewegungen, die nachfolgend gelisteten Erfahrungen gesammelt werden.

- SchSch sollen beim Bewegen im Wasser, zunächst in vertikaler Position und in verschiedenen Wassertiefen, den Temperaturunterschied (Land versus Wasser), die Dichte des Wassers, den hydrostatischen Druck, den statischen Auftrieb und den Wasserwiderstand erfahren und bewältigen.
- SchSch sollen bei der Einatmung im brusttiefen Wasser und der Ausatmung unter der Wasseroberfläche den Unterschied zur Ein- und Ausatmung an Land erfahren und lernen, unter Wasser beim Tauchen auszuatmen.
- SchSch sollen u. a. beim Springen im und ins Wasser den statischen Auftrieb und den Strömungswiderstand erfahren.
- SchSch sollen beim Gleiten und Fortbewegen in Rücken und Bauchlage den Effekt des dynamischen Auftriebs erfahren.

Nachdem die SchSch die oben gelisteten Erfahrungen gesammelt haben, können dem Schwimmfix-Konzept (Kap. I-3.1) entsprechend die einfachen Teilbewegungen (grobgeformter Brustarmzug, grobgeformter Zuganteil des Kraularmzuges, grobgeformte Paddelbewegungen in Rückenlage, grobgeformter Kraul- und Rückenbeinschlag) und die regelmäßige Ein- und Ausatmung von den SchSch problemlos zu den Vortechniken Hubschrauber, Raddampfer und Ruderboot (Kap. I-3.1) kombiniert werden: Die SchSch haben dann erste Erfahrungen gesammelt, schwimmen gelernt und eine tragfähige und vielseitige Basis, um die Schwimmarten zu lernen (Kap. I-3.1). Im nachfolgenden Kapitel werden die technikspezifischen (= inhaltlichen) Teilkompetenzen des Schwimmfix-Konzeptes nach dem pädagogischen Prinzip „Vom Einfachen zum Schweren“ lernrelevant gelistet.

3.1 Fertigkeitsspezifische Teilkompetenzen – Lehrfolge des Schwimmfix-Konzepts

Das Schwimmfix-Konzept schlägt folgende „Lehrfolge“ (Olivier et al., 2013, S. 95) der fertigkeitsspezifischen Teilkompetenzen vor: SchSch sammeln erste Erfahrungen in der Bewegungssituation Wasser, SchSch lernen schwimmen, SchSch lernen Schwimmarten.

Das fertigkeitsorientierte Teilkompetenz-Episoden-Raster (Tab. 3) ist Kern des Schwimmfix-Konzepts. Im Raster sind den 5 Teilkompetenzen (vertikal gelistet) insgesamt 16 Episoden (horizontal gelistet) zugeordnet. Die Teilkompetenzen und die Episoden sind in Tabelle 3 nach den klassischen, methodischen Prinzipien gereiht:

- „Vom Einfachen zum Schweren“,
- „vom Bekannten zum Unbekannten“ und
- „vom Einfachen zum Komplexen“.

Das Raster ist für die SchL eine Orientierungshilfe, um die technikspezifischen Teilkompetenzen zu lehren. Eine Episode kennzeichnet demnach eine jeweils spezifische Ausprägung einer Teilkompetenz und repräsentiert einen relativ kurzen Zeitabschnitt innerhalb der Lerndauer, die für das Schwimmen lernen und das Erlernen der Schwimmarten einkalkuliert werden muss. Die SchL können mit Hilfe des Rasters (Tab. 3) und in Abhängigkeit von den Vorerfahrungen der SchSch die jeweils passenden Bewegungsaufgaben und Spiele (Teil III) bzw. die passenden Unterrichtsentwürfe (Teil II) auswählen. Für die Vermittlung des Schwimmens und der Schwimmarten sind in diesem Kapitel (Kap. I-3.1), im Anschluss an das Teilkompetenz-Episoden-Raster (Tab. 3), eine Vielzahl an Übungsformen, Technikmerkmale und Technikfehler gelistet, denen jeweils Korrekturvorschläge zugeordnet sind.

Im Schwimmunterricht sollte aber nicht nur gelernt werden, sondern es sollten immer auch, komplementär zum Erlernen von Hubschrauber, Raddampfer, Ruderboot und von den Schwimmarten, die übrigen Vermittlungstypen (spielen, probieren, vergleichen) von den Lehrenden angeboten werden.

Schwimmschüler sammeln erste Erfahrungen in der Bewegungssituation Wasser – ausgewählte Übungsformen

In dieser Lernphase werden die Inhalte der Teilkompetenzen I, II, III (Tab. 3) erworben. Der Fertigkeitserwerb orientiert sich an den Vorgaben der Unterrichtseinheiten 1–11 (Kap. II-6).
Zunächst müssen die Schwimmschüler in vertikaler und später in horizontaler Position, im und unter Wasser, Basiserfahrungen in der für sie noch fremden Bewegungssituation Wasser sammeln, bevor sie Hubschrauber, Raddampfer, Ruderboot (Tab. 3) und dann die Schwimmarten lernen (Tab.3).
Die SchSch müssen demnach mit den Besonderheiten der Bewegungssituation Wasser vertraut sein, bevor sie mit schwimmspezifischen Fertigkeitsanforderungen konfrontiert werden. Sie sammeln Basiserfahrungen in der Bewegungssituation Wasser. Nachfolgend werden einige zentrale Übungsformen, im Vorgriff zu den Unterrichtsentwürfen (Teil II), präsentiert:

Tab. 3: Fertigkeitsorientiertes Teilkompetenz-Episoden-Raster

Zunahme der Ausführungsschwierigkeit (Episoden) →

Inhaltliche Teilkompetenzen ↓

	Episode A SchSch lernen, üben, probieren und spielen	**Episode B** SchSch lernen, üben, probieren und spielen	**Episode C** SchSch lernen, üben, probieren und spielen	**Episode D** SchSch lernen, üben, probieren und spielen
Teilkompetenz I Über die Performance (Kap. I-2.2) identifizierbar. Die SchSch bewegen sich in der zunächst noch mehr oder weniger fremden Bewegungssituation Wasser in vertikaler Position.	SchSch erkunden mit Lehrerkontakt die noch ungewohnte Bewegungssituation Die SchSch „watscheln“ von der Dusche über die Treppe/den Beckenrand ins bauchtiefe Wasser. Die SchSch erkunden mit Lehrerkontakt das Schwimmbecken.	SchSch mit Lehrerkontakt im Wasser Die SchSch bewegen sich mit Lehrerkontakt „kreuz und quer“, in vertikaler Position, im bauch-/brusttiefen Wasser (gehen, hüpfen, joggen vorwärts, rückwärts, seitwärts; Eintauchtiefe verändern).	SchSch ohne Lehrerkontakt im Wasser Die SchSch bewegen sich ohne Lehrerkontakt „kreuz und quer“, in vertikaler Position, im bauch-/brusttiefen Wasser (gehen, hüpfen, joggen vorwärts, rückwärts, seitwärts, Eintauchtiefe verändern).	
Teilkompetenzen II über die Performance (Kap. I-2.2) identifizierbar. Die SchSch können tauchen, ins und unter Wasser ausatmen. Die SchSch können im und ins Wasser springen.	SchSch Blubbern Die SchSch bewegen sich in vertikaler Position mit dem Gesicht möglichst nahe an der Wasseroberfläche und blubbern große Luftblasen (ängstliche SchSch mit personaler Hilfe)	SchSch Tauchen I Die SchSch hocken sich im brusttiefen Wasser auf den Beckenboden und blubbern große Luftblasen.	SchSch Tauchen II Die SchSch atmen wiederholt über Wasser ein und unter Wasser aus.	SchSch springen, tauchen und atmen unter Wasser durch Mund und Nase aus Die SchSch springen im Wasser hoch oder springen vom Beckenrand ins Wasser, setzen sich auf den Beckenboden, und atmen durch Mund und Nase aus.

Zunahme der Ausführungsschwierigkeit (Episoden) →

Inhaltliche Teilkompetenzen ↓

	Episode A SchSch lernen, üben, probieren und spielen	**Episode B** SchSch lernen, üben, probieren und spielen	**Episode C** SchSch lernen, üben, probieren und spielen	**Episode D** SchSch lernen, üben, probieren und spielen
Teilkompetenz III Über die Performance (Kap. I-2.2) identifizierbar. Die SchSch können die Bewegungssituation in horizontaler Position bewältigen.	SchSch schweben und gleiten in Rücken- oder Bauchlage (+ Kraul- oder Rückenbeinschlag) Die ängstlicheren SchSch üben zunächst mit personaler Hilfe (möglichst kurzzeitig).	SchSch gleiten in Rücken- oder Bauchlage (+ Kraul- oder Rückenbeinschlag) Die SchSch üben mit materialer Hilfe (möglichst kurzzeitig) und mit Ein- und Ausatmung.	SchSch gleiten in Rücken- oder Bauchlage (+ Kraul- oder Rückenbeinschlag) Die SchSch üben ohne materiale Hilfe und mit regelmäßiger Ein- und Ausatmung.	
Teilkompetenz IV Über die Performance (Kap. I-2.2) identifizierbar Die SchSch können mit den Technikvorformen Raddampfer, Hubschrauber, Ruderboot schwimmen.	SchSch schwimmen Die SchSch bewältigen mit Hubschrauber, Raddampfer, Ruderboot eine Schwimmstrecke: >5 m. Hubschrauber: Brustarmzug + Kraulbeinschlag Raddampfer: Arme „schaufeln" + Kraulbeinschlag Ruderboot: Paddeln neben den Hüften + Rückenbeinschlag	SchSch schwimmen Die SchSch bewältigen mit Hubschrauber, Raddampfer, Ruderboot eine längere Schwimmstrecke: >10 m.	SchSch schwimmen Die SchSch bewältigen mit Hubschrauber, Raddampfer, Ruderboot eine noch längere Schwimmstrecke: >25 m.	

Zunahme der Ausführungsschwierigkeit (Episoden)

Inhaltliche Teilkompetenzen

	Episode A SchSch lernen, üben, probieren und spielen	**Episode B** SchSch lernen, üben, probieren und spielen	**Episode C** SchSch lernen, üben, probieren und spielen	**Episode D** SchSch lernen, üben, probieren und spielen
Teilkompetenz V Über die Performances (Kap. I-2.2) identifizierbar Die SchSch können eine oder mehrere Schwimmarten und bewältigen immer längere Distanzen.	SchSch lernen Schwimmart(en) A Die SchSch lernen Rücken und Kraul (Grobkoordination, zunächst noch ohne regelmäßige Ein- und Ausatmung). Sie lernen eventuell noch Delfinbeinschlag (Grobkoordination).	SchSch lernen Schwimmart (en) B1 (B1 und B2 sind alternative Standards) Die SchSch lernen Rücken und Kraul (mit regelmäßiger Ein- und Ausatmung). Sie lernen eventuell noch Delfinbeinschlag (Grobkoordination).	SchSch lernen Schwimmart (en) B2 (B1 und B2 sind alternative Standards) Die SchSch lernen Brust (Grobkoordination). Sie lernen eventuell noch Delfinbeinschlag (Grobkoordination).	SchSch lernen Schwimmart(en) C Die SchSch lernen Brust mit korrekter Kopplung von Armzug/Beinschlag und Armzug/Beinschlag/Atmung. Die SchSch bewältigen immer längere Distanzen (Kraul, Rücken, Brust). Die SchSch lernen eventuell noch Schmetterling (Grobkoordination).

Schwimmschüler bewegen sich in vertikaler Position im bauch- bis brusttiefen Wasser (Teilkompetenz I, s. Tab. 3)

- SchSch fassen sich an den Händen und bewegen sich, zusammen mit dem SchL, im Kreis (3 Runden im Uhrzeigersinn, danach 3 Runden gegen den Uhrzeigersinn).
- SchSch gehen, laufen und hüpfen kreuz und quer im Flachwasserbereich und berühren die im Wasser schwimmenden Materialien.
- SchSch drücken Bälle, Schwimmbretter und dann den SchL (in Hockschwebe) unter Wasser und schieben die Materialien kreuz und quer durch das Wasser.
- SchSch hängen sich im Flachwasser und später im Tiefwasser an eine Poolnoodle.
- SchSch legen ihre Hände auf die Schultern der Mitschüler und schleichen im Wasser „wie eine Schlange“ (Kinn berührt immer wieder die Wasseroberfläche).
- SchSch gehen, hüpfen oder joggen kreuz und quer durch einen abgegrenzten Übungsbereich, bei Begegnungen mit den Mitschülern klatschen sich die Schüler ab: „give me five”.
- SchSch tauchen bis zum Kinn ab und watscheln, wie eine Ente, kreuz und quer durch den Übungsbereich.
- SchSch pusten große Löcher ins Wasser.
- SchSch springen möglichst hoch und landen möglichst tief: Wer berührt mit dem Kinn die Wasseroberfläche? Wer berührt mit der Nase die Wasseroberfläche? Wer berührt mit der Stirn die Wasseroberfläche? Wer kann mit den Händen den Beckenboden berühren?
- Möglichst viele Materialien sind im Übungsbereich verteilt, jede Mannschaft versucht, ihre Hälfte frei zu halten, indem sie Materialien in das „gegnerische Spielfeld” wirft.
- SchSch spielen „Kettenfangen” (4er-Ketten teilen sich dann wieder).
- SchSch versuchen, auf 2 kleinen Schwimmbrettern im bauchtiefen Wasser zu stehen und dann mit „Skilanglauf” mit 2 Schwimmbrettern eine möglichst lange Distanz zu bewältigen.
- SchSch spielen (Teil III), z. B. „Wer hat Angst vor'm weißen Hai?“
- SchL ruft den Namen eines SchSch, und alle Schwimmschüler bewegen sich zu dem SchSch.

Schwimmschüler tauchen, atmen unter Wasser aus und springen im und ins Wasser (Teilkompetenz II, s. Tab. 3)

- Tischtennisbälle und Luftballons, die auf der Wasseroberfläche schwimmen, anblasen.
- SchSch springen mehrmals hintereinander möglichst hoch und landen möglichst tief, in einer 2er-, 4er- oder 6er-Gruppierung (miteinander oder nacheinander).

- SchSch tauchen an einem vom SchL senkrecht positionierten Stab ab und „bellen“ möglichst laut unter Wasser.
- SchL positioniert 2 senkrecht gestellte Reifen unter der Wasseroberfläche, und die SchSch klettern durch die Reifen.
- SchSch tauchen in einen Reifen, der auf der Wasseroberfläche schwimmt.
- SchSch springen möglichst hoch und versuchen, sich auf den Beckenboden zu hocken und möglichst lange auszuatmen.
- SchSch atmen möglichst tief ein und atmen unter Wasser möglichst lange und kräftig, durch Mund und Nase, wieder aus (10x wiederholen!). Wer produziert die größten Luftblasen unter Wasser?
- Zwei SchSch hocken auf dem Beckenboden, und ein SchSch zeigt dem Partner mit den Fingern eine Zahl, der Partner muss die Augen öffnen und die Zahl identifizieren.
- Wer kann möglichst oft unter Wasser (SchSch in Hockposition unter Wasser) die Augen öffnen und schließen?
- SchSch springen vom Beckenrand aus der Sitz- und Hockposition, später aus dem Stand, zum SchL (Entfernung zum SchL wird, nach Absprache mit dem SchSch, immer größer).
- SchSch springen im Flachwasserbereich ohne personale Hilfe möglichst hoch, setzen sich auf den Beckenboden und atmen möglichst langsam aus.
- SchSch springt im Tiefwasser zum SchL, SchL schleppt den SchSch in den Flachwasserbereich.

Abb. 3: Bewegungssituation Wasser erfahren

Schwimmschüler schweben und gleiten in Rücken- und Bauchlage, treiben sich mit „Rücken- und Kraulkicks" an (Teilkompetenz III, s. Tab. 3)

- SchL schleppt SchSch in Rücken- und Bauchlage, SchSch treiben sich mit „Rücken- oder Kraulbeinschlägen" an.
- SchSch gleitet mit einem kleinen Schwimmbrett in Bauch- und Rückenlage.
- SchSch probieren Gleitsprünge mit und ohne Schwimmbrett und strampeln mit den Beinen, SchSch gleiten von Versuch zu Versuch immer weiter, Gesicht bleibt möglichst lange im Wasser um auszuatmen.
- SchL schleppt die SchSch in Bauchlage an einer Leine, die SchSch strampeln mit den Beinen und tauchen das Gesicht immer wieder und möglichst lange ein.
- SchSch springt aus vertikaler Position, vorwärts und rückwärts im Wechsel, im Flachwasserbereich zum SchL, die Distanz zum SchL, und damit die Gleitstrecke, wird immer länger (SchSch strampeln mit den Beinen).
- SchSch schweben möglichst lange in Bauch-, dann in Rückenlage und dann in Hockschwebe.
- SchSch versuchen, mit möglichst wenig Gleitsprüngen eine vorgegebene Distanz (z. B. eine halbe Bahn, z. B. 12,5 m) zu bewältigen (SchSch strampeln mit den Beinen).
- SchSch probieren Hock-Streckschwebe im Wechsel.
- SchSch versuchen, mit Delfinsprüngen nacheinander möglichst viele Tauchringe vom Beckenboden zu fischen.
- SchSch versuchen eine Hockschwebe in Bauch- und dann in Rückenposition.
- Fangspiel, bei dem sich die SchSch nur mit Delfinsprüngen bewegen.

Schwimmen lernen – ausgewählte Übungsformen

In dieser Lernphase wird die Teilkompetenz IV (Tab. 3) erworben. Der Fertigkeitserwerb gelingt mit den Vorgaben der Unterrichtseinheiten 12–19 (Teil II) .

Die gesammelten Basiserfahrungen (→ Teilkompetenzen I, II, III) erleichtern den SchSch zunächst das Erlernen der einfachen Teilbewegungen (Brustarmzug, Kraulbeinschlag, Rückenbeinschlag, Paddelbewegungen in Rückenlage). Diese Teilbewegungen können dann zu den Vorformen der Schwimmarten kombiniert werden: Hubschrauber, Raddampfer und Ruderboot (Abb. 4).

Abb. 4: Schwimmen lernen:
a Hubschrauber = Brustarmzug + Kraulbeinschlag.
b Raddampfer = Arme schaufeln bis Schulterhöhe + Kraulbeinschlag.
c Ruderboot = Händepaddeln in Hüfthöhe + Rückenbeinschlag.

Hubschrauber, Raddampfer und Ruderboot sind didaktische Reduktionen der Schwimmtechniken und werden mit den nachfolgend gelisteten Vorübungen schnell gelernt:

- SchSch gleiten in Bauchlage (Ausatmung ins Wasser), mit und dann ohne personale Hilfe, und malen mit den Händen in Schulterhöhe horizontale Kreise ins Wasser (Abb. 4a).
- SchSch gleiten und schaufeln vor den Schultern Wasser gegen die Schwimmrichtung (Abb. 4b).
- SchSch gleiten in Rückenlage und paddeln mit den Händen neben den Hüften (Abb. 4c).
- SchSch kombinieren die Brustarm- oder Schaufel- oder Paddelbewegung mit dem Kraul- oder Rückenbeinschlag und schwimmen eine immer längere Distanz im Flach- und später im Tiefwasser:
  - Hubschrauber (Brustarmzug mit versteiften Handgelenken + Kraulbeinschlag).
  - Raddampfer (Arme imitieren den Zuganteil der Unterwasserphase des Kraularmzuges + Kraulbeinschlag).
  - Ruderboot (Arme paddeln in Hüfthöhe + Rückenbeinschlag).

Abb. 5:. Die Schwimmarten Kraul, Rücken, Brust

Schwimmarten lernen, Technikvorgaben vermitteln, Technikfehler korrigieren – ausgewählte Übungsformen

In dieser Lernphase wird die Teilkompetenz V (Tab. 3) erworben. Der Fertigkeitserwerb gelingt mit den Vorgaben der Unterrichtseinheiten 20–29 (Teil II).

Aufbauend auf den gelernten Vorformen – d. h. die Schüler können bereits schwimmen, d. h. Hubschrauber, Raddampfer und Ruderboot werden beherrscht – lernen die SchSch, wenn die institutionellen Voraussetzungen gegeben sind (Fachkompetenz, Zeitbudget, Hallenkapazität), mindestens eine Schwimmart in der Primarstufe (Abb. 5).

Nachdem die Schüler Hubschrauber, Raddampfer und Ruderboot beherrschen, können die Schwimmarten zügig gelehrt/gelernt werden. Beim Einstieg müssen die Technikausprägungen (Tab. 4, 5, 6) und die Vereinfachungsstrategien (Roth 1998, S. 31–37) berücksichtigt werden (Kap. I-4.1). In Abhängigkeit von der Schwimmart gelingt der Einstieg entweder

- ganzheitlich mit Parameterveränderungen (strukturelle Vereinfachungen der Zielbewegung), z. B. muss beim Rückenarmzug zunächst die zeitlich-dynamische Struktur vernachlässigt werden,

  und
- mit der Teilmethode, d. h. mit Verringerung der Programmbreite, z. B. kann beim Brustschwimmen zunächst nur den Beinschlag gelehrt werden,

  und
- mit der Unterstützung der Invarianten, z. B. mit der Vorgabe der zeitlich-dynamischen Struktur der Armzüge mit akustischen Signalen: „l a n g s a m – schnell“ (Anmerkung: „l a n g s a m“ immer bei Zugbeginn).

Die grobkoordinierten Schwimmtechniken sollten den SchSch zunächst mit möglichst wenig Bewegungsanweisungen und Korrekturen vermittelt werden. Die Instruktionsmodalität „Demonstration/Imitation“ ist effektiv, insbesondere für die Lernphase Grobkoordination. Die SchL orientieren sich bei der Vermittlung u. a. an den nachfolgend gelisteten Technikvorgaben (Tab. 4, 5, 6).

Die Technikfehler leiten sich von den Technikvorgaben (Tab. 4, 5, 6) ab. Sie können von den Lehrenden mit adäquaten Übungen und Informationen, die nachfolgend präsentiert werden, vermittelt und korrigiert werden.

Tab. 4: Strukturverwandte Technikmerkmale der Armbewegungen

	Armbewegung			
	Zug-Druck-Phase			Rückholphase
Schwimmart	Auswärts- und/oder Abwärtsanteil	Einwärtsanteil	Rückwärtsanteil	Ausheben/Vorschwung/ Eintauchen
Kraul	• Gestreckter Beginn • Rotation um die Längsachse nach rechts • Abwärtsanteil ausgeprägt • Zugbeginn verzögert 	• Beugung im Ellbogengelenk • Innenrotation der Oberarme • Einwärtsanteil betont 	• Streckung im Ellbogengelenk • Rotation um die Längsachse nach links • Abdruck betont 	• Körpernah • Schulterbreites Eintauchen • Keine Stopp-Start-Aktionen beim Eintauchen und beim Ausheben • Schultern außerhalb des Wassers • Entspannung während der Rückholphase und Anspannung nach dem Eintauchen
Rücken	• Gestreckter Beginn • Rotation um die Längsachse nach links • Abwärtsanteil ausgeprägt • Zugbeginn verzögert 	• Beugung im Ellbogengelenk • Innenrotation der Oberarme • Einwärtsanteil betont 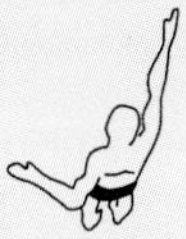	• Streckung im Ellbogengelenk • Rotation um die Längsachse nach rechts • Abdruck betont 	• Körpernah • Schulterbreites Eintauchen • Keine Stopp-Start-Aktionen beim Eintauchen und beim Ausheben • Schultern außerhalb des Wassers • Entspannung während der Rückholphase
Schmetterling	• Gestreckter Beginn • Auswärts-Abwärts-Anteil mehr oder weniger ausgeprägt • Zugbeginn verzögert 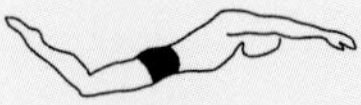	• Beugung im Ellbogengelenk • Innenrotation der Oberarme • Einwärtsanteil betont 	• Streckung im Ellbogengelenk • Abdruck betont 	• Körpernah • Schulterbreites Eintauchen • Keine Stopp-Start-Aktionen beim Eintauchen und beim Ausheben • Schultern außerhalb des Wassers • Entspannung während der Rückholphase
Brust	• Gestreckter Beginn • Auswärts-Abwärts-Anteil mehr oder weniger ausgeprägt • Zugbeginn verzögert 	• Beugung im Ellbogengelenk • Innenrotation der Oberarme • Einwärtsanteil betont 		• Vollständige Armstreckung zu Beginn und am Ende der Rückholphase • Keine Stopp-Start-Aktionen 

Tab. 5: Strukturverwandte Technikmerkmale der Bewegungen

Schwimmart	Beinbewegung Aufwärtsanteil	 Abwärtsanteil
Kraul	• Kniegelenk gestreckt • Fußgelenk locker • Aufwärtsanteil betont 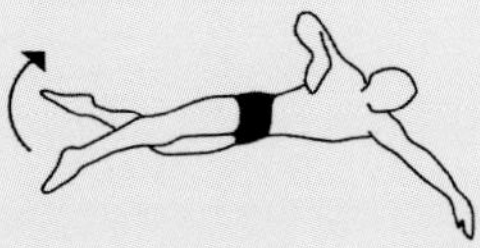	• Kniegelenk gebeugt (Oberschenkel abwärts bei lockerem Kniegelenk) • Aktiver „Kick“ bei lockerem Fußgelenk • „Kick” betont 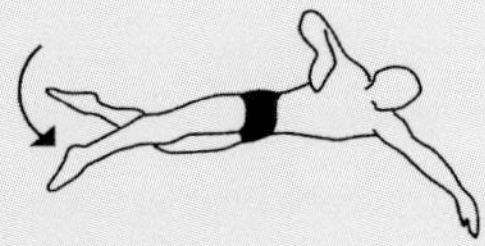
Rücken	• Kniegelenk gebeugt • Oberschenkel abwärts bei lockerem Kniegelenk • Aktiver „Kick“ bei lockerem Fußgelenk • „Kick” betont 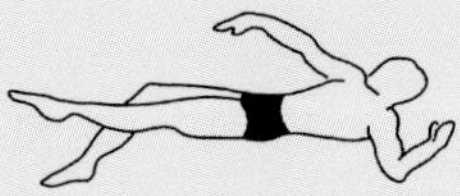	• Kniegelenk gestreckt • Fußgelenk locker • Abwärtsanteil betont 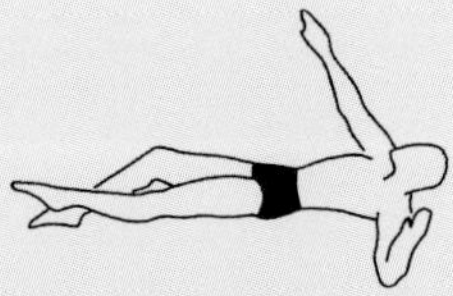
Schmetterling	• Kniegelenk gestreckt • Fußgelenk locker • Aufwärtsanteil betont 	• Kniegelenk gebeugt (Oberschenkel abwärts bei lockerem Kniegelenk) • Aktiver „Kick“ bei lockerem Fußgelenk • „Kick” betont 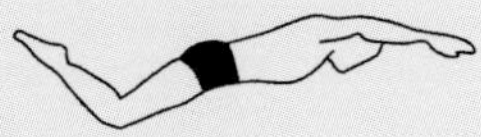
Brust	**Auswärts-Abwärts-Anteil der Schlagphase**	**Einwärts-Abwärts-Anteil der Schlagphase**
	• V-Stellung der Unterschenkel vor Auswärts-Abwärts-Anteil • „Charlie-Chaplin-Stellung“ der Fußgelenke • Schulterbreite Kniestellung • Betonte Aktion 	• Späte Beinstreckung und „Maulschellenbewegung“ im Fußgelenk • Betonte Aktion 

Tab. 6: Kopplung der Teilbewegungen

Schwimmart	Kopplung	
Kraul	• Linker Arm taucht ein • Einwärtsanteil des rechten Armes (6er-Kopplung) 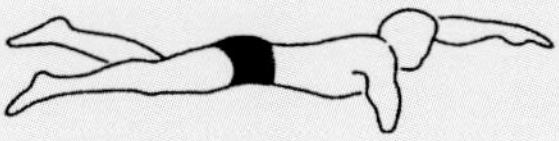	• Beginn der Einatmung gegen Ende des Rückwärtsanteils 
Rücken	• Linker Arm taucht ein • Rückwärtsanteil des rechten Armes 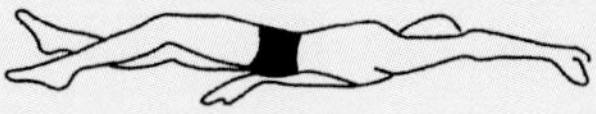	• Einatmung: Zug-Druck-Phase links • Ausatmung: Zug-Druck-Phase rechts 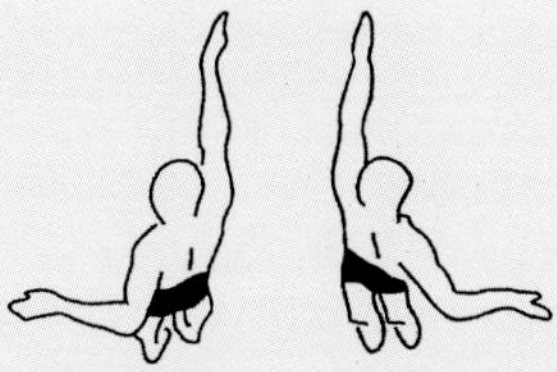
Schmetterling	• Erster „Kick“ („Eintauchkick“) zu Beginn des Auswärtsanteils • Zweiter „Kick“ („Einatmungskick“) beim Rückwärtsanteil 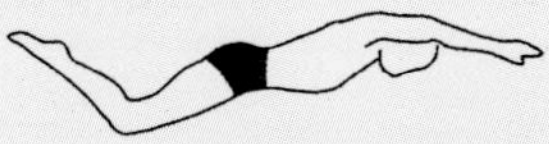	• Beginn der Einatmung gegen Ende des Rückwärtsanteils 
Brust	• Schlagphase beginnt, wenn Rückholphase der Arme etwa zu 2/3 beendet ist 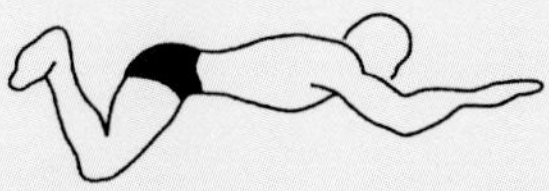	• Einatmung gegen Ende des Einwärtsanteils 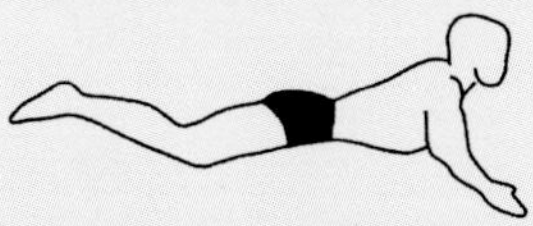

Die grobkoordinierten Schwimmtechniken sollten den SchSch ganzheitlich oder mit der Teilmethode, zunächst mit möglichst wenig Bewegungsanweisungen und Korrekturen, vermittelt werden. Die Instruktionsmodalität „Demonstration – Imitation" (Kap. 4) ist u. a. dem Fertigkeitsniveau „Grobkoordination der Bewegungsausführungen" angemessen und effektiv. Die nachfolgend gelisteten Grobformfehler werden von den Technikvorgaben (Tab. 4, 5, 6) abgeleitet.

Grobkoordination der Schwimmarten Rücken und Kraul vermitteln

SchL oder ein Partner demonstriert die Schwimmarten Rücken und Kraul, und die SchSch imitieren dieselben, d. h. Rücken und Kraul (zunächst noch ohne regelmäßige Ein- und Ausatmung) werden ganzheitlich eingeführt. Die optische Maßnahme (Demonstration/ Imitation) sollte immer mehrmals wiederholt und verbal unterstützt werden, z. B. l a n g s a m – **schnell** beim Armzug.
Die regelmäßige Ein- und Ausatmung kann mit folgenden Vorübungen zwischen den Schwimmversuchen gelehrt bzw. verbessert werden:

- Im brusttiefen Wasser 5x auf den Boden setzen und mit offenem Mund und durch die Nase ausatmen.
- In Hockschwebe durch Ausatmung absinken.
- Mit Hechtschießen starten und beim ersten Armzug (rechter oder linker Arm) einatmen, dann Kraul schwimmen und möglichst lange durch Mund und Nase ausatmen.
- Kraul mit dem Gesicht im Wasser ca. 10 m schwimmen und zu beliebigen Zeitpunkten einatmen.
- 4er-Zug (→ jeweils bei jedem vierten Armzugzyklus einatmen) und 2er-Zug probieren.

Grobformfehler und ausgewählte Korrekturmaßnahmen (hier: Rücken)

Korrekturübungen für den Fehler „Sitzposition"

- Rückenbeinschlag mit einem Brett auf dem Bauch oder Anweisung: „Badehose an die Wasseroberfläche".
- Rückenbeinschlag mit Händepaddeln; Anweisung: „Kopf aufs Wasser legen" und an die „Decke blicken".
- Partner schleppt den Übenden mit Kopfgriff in Rückenlage und korrigiert die Körperlage.

Korrekturübungen für den Fehler „Aktive Beugung im Kniegelenk oder Kreisbewegungen mit den Fersen".

- Überkorrektur: „mit gestreckten Beinen schlagen" oder „Robojogging" (Beinschlag mit gestreckten Beinen) im tiefen Wasser.

- Rückenbeinschlag mit einer begleitenden optischen Maßnahme (hier: Lehrer bewegt die gestreckten Arme auf und ab).
- Beinschlag in senkrechter Position im Tiefwasser.
- Nach einem Fußsprung ins tiefe Wasser mit Hilfe von Strampelbewegungen möglichst schnell auftauchen.
- Partner schleppt den Übenden in Rückenlage und korrigiert.
- Vgl. Korrekturempfehlungen für die SA Rücken.

Grobformfehler und ausgewählte Korrekturmaßnahmen (hier: Kraul)

Korrekturübungen für den Fehler „Gesicht nicht im Wasser“:
- Basisübungen (Teilkompetenz II, Tab. 3) wiederholen.
- In Bauchlage mit dem Gesicht im Wasser gleiten.
- Demonstration/Imitations-Zyklus mehrfach wiederholen.
- Tiefe und flache Delfinsprünge mit langen Gleitphasen.

Korrekturübungen für den Fehler „Aktive Beugung im Kniegelenk“:
- Überkorrektur: „mit gestreckten Beinen schlagen“.
- Robojogging (Beinschlag mit gestreckten Kniegelenken) im tiefen Wasser.
- RB im Wechsel mit KB.
- Vgl. Korrekturempfehlungen für die SA Rücken.

Grobkoordination der Schwimmart Brust vermitteln

Brustarmzug vermitteln:
- Im brusttiefen/schultertiefen Wasser kreuz und quer joggen und mit den Händen Kreise ins Wasser zeichnen, Anweisungen: „Handgelenke versteifen“, „Handflächen führen“, Rhythmusvorgabe: „l a n g s a m – **schnell**“.
- Nach mehrmaligen Demonstrationen imitieren die SchSch den Brustarmzug, der schon beim *Hubschrauber* im Ansatz gelernt wurde (mit Hechtschießen starten, < 5 m schwimmen [evtl. mit Pullbuoy oder mit Bewegungshilfe des Partners, der schiebt], Anweisungen: „Handgelenke versteifen“, „Handflächen führen“). Rhythmusvorgabe: l a n g s a m – **schnell**.

Brustbeinschlag vermitteln:

Der korrekt ausgeführte Brustbeinschlag ist von allen Teilbewegungen (hier: Arm- und Beinbewegungen der Schwimmarten) die motorisch anspruchsvollste Teilbewegung. Der Brustbeinschlag sollte nach dem „Prinzip der graduellen Annäherung“ gelehrt werden (s. unten).

Der Bewegungsablauf wird zunächst an Land mehrmals demonstriert und dann von den SchSch an Land mehrmals imitiert.

Diese Vorübung ersetzt eine komplexe Bewegungsbeschreibung und vermittelt den SchSch eine erste Bewegungsvorstellung.

- Im Sitz auf dem Hallenboden mit den Fersen große Kreise auf den Boden zeichnen. Anweisung: „Zuerst Kniegelenke beugen und dann mit den Fersen auf dem Boden einen Kreis zeichnen, danach Pause ...“.
- Am Beckenrand sitzen und mit den Füßen große Kreise ins Wasser zeichnen (Anweisung s. oben).
- Im Wasser in Bauchlage (SchSch im Liegestütz auf einer Treppe) große Kreise zeichnen (SchL liefert immer wieder taktile Hilfe, d. h. er legt seine Handflächen auf die Fußsohlen des SchSch und führt die Bewegung).
- Brustbeinschlag in Rückenlage mit kleinem Schwimmbrett auf dem Bauch, später Brustbeinschlag ohne Schwimmbrett mit Händepaddeln neben den Hüften. SchL liefert immer wieder begleitende optische Hilfe, d. h. er beschreibt die Beinbewegung mit den Händen (→ Synchroninformation).
- Brustbeinschlag in Bauchlage an einem *Poolstick* oder einem kleinen Schwimmbrett (Abb. 6).
- Brustbeinschlag in Bauchlage ohne Bewegungshilfe (<5 m).

Grobformfehler und ausgewählte Korrekturmaßnahmen (hier: Brustarmzug)

Korrekturübungen für den Fehler „Kreisbewegungen der Arme überhastet“:
- Bewegungsvollzüge verzögert demonstrieren.
- Im schultertiefen Wasser gehen und langsam Armkreise ausführen.
- Die Kursteilnehmer schieben den Partner: Rhythmus vorgeben oder die Bewegungsausführungen rhythmisch begleiten: „kreisen und g l e i t e n“ (SchSch zählt beim Gleiten; eins, zwei, drei)).
- Nach Abstoß nur einen Armzug ausführen und danach möglichst lange gleiten (Arme in Vorhalte und Gesicht im Wasser).

Korrekturübungen für den Fehler „Handgelenke zu locker und/oder Handrücken zeigt nach außen“:
- Mit steifen Handgelenken, in vertikaler Position, Wasser vor dem Körper zur Seite schaufeln oder neben den Hüften paddeln (von der Hüfte weg und zur Hüfte hin).
- Mit Tischtennisbällen in den Händen Brustarmzug schwimmen; u. a. mit Lehrerhilfe (SchL schiebt), oder nach dem Hechtschießen oder mit einem Pullbuoy.

Grobformfehler und ausgewählte Korrekturmaßnahmen (hier: Brustbeinschlag)

Korrekturübungen für die Fehler „*Schere*“ beim Beinschlag und „Delfinkick“ als Beinschlag:

- Erneute Demonstration des Brustbeinschlages im Wasser und an Land in Rücken- und Bauchlage.
- Wirksames Bild verwenden und das Bild vom Beckenrand aus demonstrieren: „Wie Charlie Chaplin watscheln“.
- Große Kreise mit den Fersen in senkrechter Position und mit dem Bauch an der Beckenwand ins Wasser malen (Bauch und Oberschenkel berühren die Beckenwand).
- Kreisbewegungen in Rückenlage (Schwimmbrett auf den Oberschenkeln oder Poolstick als materiale Hilfe, Abb. 6);
  der SchL begleitet den SchSch am Beckenrand oder im Wasser und demonstriert die Kreisbewegungen mit seinen Händen.

Abb. 6: Brustbeinschlag in Rückenlage

Kopplung der Teilbewegungen beim Brustschwimmen (Armzug mit Beinschlag und mit Ein- und Ausatmung koppeln) vermitteln

Korrekturübungen für den Fehler „Zugphase der Arme und Rückholphase der Beine erfolgen zeitgleich“:

- Hechtschießen mit anschließender Gleitphase und dann nur ein Armzug (Gesicht bleibt zunächst im Wasser) mit Rückholphase (Arme bleiben gestreckt, d. h. SchSch zählen „1, 2 und 3“), dann Positionierung in die Vertikale ...
- Hechtschießen mit anschließender Gleitphase und dann Armzug mit Einatmung und danach Ausatmung ins Wasser während einer ausgeprägten Gleitphase (Arme bleiben gestreckt, d. h. SchSch zählen „1, 2“) , dann Positionierung in die Vertikale ...
- Hechtschießen mit anschließender Gleitphase und dann Armzug mit Einatmung und danach Ausatmung ins Wasser während einer ausgeprägten Gleitphase (Arme bleiben gestreckt, d. h. SchSch zählen „1, 2, 3“), dann Beinschlag, dann Gleitphase und dann in Rückenlage zur Wand zurück paddeln.

- Mehrere Zyklen der zuletzt genannten Übungsform schwimmen.
- Ein Streckenintervall (z. B. 25 m) mit möglichst wenigen Zyklen schwimmen.
- Armzug/Beinschlag koppeln: SchSch zählt nach jedem Armzug langsam „e i n s" (Arme in Vorhalte, Gesicht bleibt zunächst im Wasser) und beginnt erst dann mit dem Beinschlag (SchL demonstriert den Ablauf mehrmals) – zunächst nur 3–5 Zyklen ausführen lassen.
- Armzug/Beinschlag/Atmung koppeln (SchSch atmet bei jedem Armzug ein): SchSch zählt nach jedem Armzug langsam „e i n s" (Arme in Vorhalte, Ausatmung durch Mund und Nase) und beginnt erst dann mit dem Beinschlag (SchL demonstriert den Ablauf mehrmals) – zunächst nur 3–5 Zyklen ausführen lassen.
- Allmählich die Schwimmzyklen bzw. Schwimmstrecke steigern.
- Eine vorgegebene Schwimmstrecke mit immer weniger Schwimmzyklen bewältigen.

Grobkoordination des Delfinbeinschlags vermitteln

Der Delfinbeinschlag ist, im Vergleich zum Brustbeinschlag, eher leicht zu lehren/lernen.

- SchSch probieren im bauchtiefen Wasser Delfinsprünge rückwärts (Bild: „Fosbury Flop") und „kicken" (Bild: an einen Ball kicken) mit beiden Beinen nach dem Sprung.
- SchSch nicken beim Gleiten in Bauchlage mit dem Kopf und „kicken" mit den Beinen.
- SchSch imitieren ein Seepferdchen: Mit Fußsprung ins Sprungbecken und beim Auftauchen das Becken möglichst schnell bewegen (bauchwärts/rückwärts/bauchwärts/...).
- Delfinbeinschlag in Rückenlage mit kleinem Schwimmbrett auf dem Bauch (Anweisung: „Bauch ans Brett und Kick/Bauch ans Brett und Kick/...").
- SchSch probieren in Bauchlage und unter der Wasseroberfläche Delfinbeinschläge (Abb. 7).

Abb. 7: Delfinbewegung in Bauch- und Rückenlage

Grobformfehler beim Delfinbeinschlag und ausgewählte Korrekturmaßnahmen

- Grobformfehler: Angedeuteter Kraulbeinschlag, aktive Beugung der Kniegelenke, angedeuteter Brustbeinschlag.
- Korrekturmaßnahmen: Delfinbeinschlag in Rückenlage probieren und Delfinbeinschlag unter Wasser probieren, d. h. unter der Wasseroberfläche gleiten und ausgeprägtes und hochfrequentes Kopfnicken.

Checkliste – Schwimmlehrer bewerten die motorischen Lernfortschritte der Schwimmschüler

Die Auswertung und Bewertung der motorischen Lernfortschritte können die Lehrenden mit Hilfe der nachfolgenden Checkliste in Tabelle 7 durchführen. Die Checkliste liefert den SchL eine Vorlage, um die Lernfortschritte der SchSch zu dokumentieren und um die nachfolgenden Unterrichtseinheiten sachgerecht zu planen.

3.2 Didaktische TopTipps

Bewährte Inhalte

Wir empfehlen, dass während des Schwimmunterrichts frühzeitig und immer öfter die nachfolgend angeführten Kernübungen, in Abhängigkeit von den bereits vermittelten Teilkompetenzen (Tab. 3), angeboten werden. Die SchL sollten beispielsweise immer wieder die SchSch auffordern zu tauchen, zu schweben, zu springen und

Abb. 8: Zusammen sind wir stark – schwimmen und spielen mit Poolnoodles

Tab. 7: Checkliste: Schwimmen lernen/Schwimmarten lernen

Name/Alter/Klasse des SchSch: ______________________ Datum: __________

Teilkompetenzen	Indikatoren für die Teilkompetenzen	Ausprägung	
Teilkompetenz I	SchSch joggen ohne Bewegungshilfe kreuz und quer im brusttiefen Wasser	0: O 1: O	
Teilkompetenz II	SchSch atmet im brusttiefen Wasser in Hockposition unter Wasser aus (große Blasen blubbern)	0: O 1: O	
Teilkompetenz II	SchSch springt ohne Lehrerhilfe mit Fußsprung ins brusttiefe Wasser	0: O 1: O	
Teilkompetenz III	SchSch gleitet in Bauchlage mit personaler Hilfe im brusttiefen Wasser	0: O 1: O	
Teilkompetenz III	SchSch gleitet in Rückenlage mit personaler Hilfe im brusttiefen Wasser	0: O 1: O	
Teilkompetenz III	SchSch gleitet in Bauchlage (ohne personale Hilfe, mit Hechtschießen starten, Gesicht im Wasser und Ausatmung ins Wasser, Arme in Vorhalte)	0: O 1: O	
Teilkompetenz III	SchSch gleitet in Rückenlage (ohne personale Hilfe, mit Hechtschießen starten, Kopf liegt auf dem Wasser, Arme in Tiefhalte)	0: O 1: O	
Schwimmen können	Raddampfer: In Bauchlage mit den Händen in Sagittalebene schaufeln und mit den Beinen strampeln, regelmäßige Einatmung + Ausatmung ins Wasser Ziel: >5 m schwimmen	0: O 1: O	
Schwimmen können	Ruderboot: In Rückenlage mit den Händen neben den Hüften paddeln und mit den Beinen strampeln) Ziel: >5 m schwimmen	0: O 1: O	
Schwimmen können	Hubschrauber: Brustarmzug und mit den Beinen strampeln, regelmäßige Einatmung + Ausatmung ins Wasser Ziel: >5 m schwimmen	0: O 1: O	
Schwimmarten können (I)	Die Schwimmarten Rücken und Kraul grobkoordiniert schwimmen (Gesicht bleibt möglichst lange im Wasser, aber noch ohne regelmäßige Ein- und Ausatmung) Ziel: zunächst >5 m schwimmen	Rücken: 0: O 1: O	Kraul: 0: O 1: O
Schwimmarten können (II)	Kraul und Rücken grobkoordiniert schwimmen (mit regelmäßiger Ein- und Ausatmung) Ziel: zunächst >5 m schwimmen	Rücken: 0: O 1: O	Kraul: 0: O 1: O
Schwimmarten können (III)	Brust grobkoordiniert schwimmen Ziel: zunächst >5 m schwimmen	0: O 1: O	
Delfinbeinschlag können (IV)	Delfinbeinschlag unter Wasser grobkoordiniert schwimmen Ziel: zunächst >5 m schwimmen	0: O 1: O	

in Rücken- und Bauchlage mit regelmäßiger Ein- und Ausatmung zu gleiten.

Folgende Bewegungsformen sollten darüber hinaus immer wieder im Unterricht wiederholt werden:

- Kreuz und quer im Wasser joggen und immer wieder mit und ohne Unterstützung hüpfen, hoch- und weitspringen.
- Immer wieder und frühzeitig sollten die SchSch auf den Beckenboden und unter Wasser die Ausatmung ins Wasser probieren.
- Der SchL/ein Mitschüler sollte die SchSch immer wieder in Rückenlage mit Schultergriff, dann mit Kopfgriff, dann mit einem Finger unter dem Hinterkopf und dann im Sog schleppen (Abb. 18). Der SchL bzw. der Partner ist dann direkt hinter dem Kopf positioniert und geht dann hinter dem SchSch möglichst schnell rückwärts, um einen Sog zu erzeugen).
- Der SchL/ein Mitschüler sollte die SchSch in Bauchlage schleppen (das Gesicht der SchSch ist dabei immer öfter und immer länger im Wasser, die Arme der SchSch bleiben in Vorhalte).
- Die SchSch probieren immer wieder die wiederholte Einatmung im schultertiefen Wasser und Ausatmung unter der Wasseroberfläche.
- Die SchSch gleiten zunächst mit Schwimmbrett, Pullbuoy oder Poolnoodle (Abb. 19) aktiv in Bauch- (Arme in Vorhalte) und Rückenlage (Arme in Tiefhalte, kleines Schwimmbrett in Hüfthöhe auf dem Bauch) zum SchL.
  Hinweis 1: In Bauchlage das Schwimmbrett zwischen den gestreckten Armen positionieren.
  Hinweis 2: In Rückenlage das Schwimmbrett in Hüfthöhe positionieren.
  Hinweis 3: Gleitstrecke allmählich steigern.
  Hinweis 4: Rückenlage nicht vernachlässigen, d. h. immer wieder Übungen in Rückenlage anbieten.
  Hinweis 5: SchSch sollten immer länger ins Wasser ausatmen.
- Den Rückenbeinschlag mit Händepaddeln neben den Hüften (ohne materiale Hilfe) sollten die SchSch möglichst früh realisieren. Beginn mit Abstoß vom Beckenboden (→ Delfinschießen in Rückenlage) oder Abstoß von der Beckenwand (→ Hechtschießen in Rückenlage).
  Hinweis: Gleitstrecke kontinuierlich steigern.
- Der Kraulbeinschlag mit regelmäßiger Ein- und Ausatmung (mit und ohne materiale Hilfe) sollte von den SchSch möglichst früh realisiert werden. Beginn mit Abstoß vom Beckenboden (→ Delfinschießen) oder Abstoß von der Beckenwand (→ Hechtschießen).
  Hinweis: Gleitstrecke kontinuierlich steigern.

Bewährte Tipps zum Lehrerverhalten

- Nicht auf Übungsformen beharren, die vom Kind abgelehnt werden (Abb. 9).

Abb. 9

- Übungsformen möglichst mit Hilfe von Bildern („Flipper", „Ente", „Frosch") ankündigen.
- Bevorzugte Art und Weise der Informationsvermittlung: Demonstration/Imitation
- Übungsformen oft wiederholen und zunächst nur kurze Strecken laufen, hüpfen, gleiten, sich antreiben.
- Die Distanz zu den Kindern nicht vollständig aufgeben, aber: So oft wie möglich für kleine Fortschritte ein Lob aussprechen. Viel Zuwendung geben (Abb. 10), z. B. mit Hände-Abklatschen (= "give me five").

Abb. 10

- Positive Erfahrungen vermitteln, z. B. Tischtennisbälle, Tennisbälle, verschieden große andere Bälle immer wieder von den SchSch auftreiben lassen, nachdem sie unter die Wasseroberfläche gedrückt wurden.
- Bereits beherrschte Bewegungsformen immer wieder üben und dosiert variieren.
- Durch Demonstrationen Einsichten anregen: Der SchL schwebt (z. B. in Hockschwebe) bei vollständiger Einatmung im Wasser und sinkt nicht. Die Schüler versuchen dann, den SchL unter Wasser zu drücken.
- Von den SchSch gemachte Erfahrungen besprechen und damit bewusstmachen:
  - „Hast Du gesehen, wie weit der untergetauchte Ball wieder hoch in die Luft gesprungen ist?"
  - „Hast Du bemerkt, dass Dich die Schwimmbretter beim „Skilanglauf" nach oben drücken?"
  - „Hast Du bemerkt, wie schwierig es ist, die Schwimmbretter und den SchL (in Hockschwebe) unter Wasser zu drücken?"
- Eigene Wünsche der Schüler bzw. ihre Vorschläge akzeptieren.
- Der SchL sollte Übungen immer wieder demonstrieren bzw. demonstrieren lassen.
- Nicht immer, aber immer öfter und möglichst frühzeitig ohne Hilfsmittel üben.
- Optische Instruktionen sind am effektivsten, d. h. SchL demonstrieren und SchSch imitieren.
- Verbale Instruktion: Immer wieder mit Metaphern instruieren („wie eine Rakete", „wie ein Delfin" etc.) oder mit umweltbezogenen oder körperbezogenen Anweisungen instruieren („den Bauchnabel in Rückenlage an die Wasseroberfläche drücken", beim Rückenschwimmen: „Oberarm am Ohr vorbei").
- Die Inhalte der vorherigen Unterrichtseinheit wiederholen und variieren. Überlernen bedeutet: „Wiederholen, ohne sich zu wiederholen".
- Kleine Spiele immer wieder auch im bauchtiefen Wasser organisieren.
- Den Schwimmkurs mit einem Schwimmlied beenden: „Alle meine Entchen"; „Eierkuchen, Tintenfleck, eins, zwei, drei und wir sind weg"; „Regentröpfchen, fall doch auf mein Köpfchen, mach auch meine Haare nass, das macht mir solchen Riesenspaß"; „Pitsche, pitsche pumpf, der Frosch hüpft in den Sumpf" oder „Plitsch, platsch Schwimmfix" (Anhang D).
- Die Lehrenden sollten sich immer wieder bewusstmachen, dass die Schüler selbst entscheiden, ob sie:
  - ins fremde Element Wasser hineinklettern,

- sich vom Beckenrand lösen und im bauchtiefen Wasser laufen, hüpfen,
- sich mit Hilfen ins Wasser legen,
- sich ohne Hilfen ins Wasser legen,
- mit und ohne Hilfen ins Wasser springen,
- sich im Wasser absinken lassen,
- sich im bauchtiefen und im tiefen Wasser mit Bewegungen antreiben.

- Die Bewältigung der Bewegungssituation Wasser fordert und fördert die SchSch, d. h. die SchL sollten unbedingt die Entscheidungen der SchSch respektieren und nicht auf abgelehnten Übungsformen beharren.
- Der SchL ist der „Anker“ in einer noch ungewohnten Bewegungssituation.
- Die SchSch benötigen viel Zuwendung und Lob.
- Beim Üben sollte der Körper möglichst oft und möglichst tief ins Wasser eingetaucht sein, denn dann ist der Betrag des statischen Auftriebs größer. Der statische Auftrieb unterstützt den SchSch und gibt ihm eine gewisse Sicherheit.
- Die Beinschläge zunächst mit materialer Hilfe (Schwimmbrett in Bauchlage zwischen den Armen/in Rückenlage in Hüfthöhe positionieren) oder mit personaler Hilfe (SchSch wird vom SchL geschleppt) und dann möglichst frühzeitig ohne Hilfen lehren.

Abb. 11

- Armbewegungen zunächst mit personaler Hilfe lehren (SchL schiebt den SchSch, Gesicht vom SchSch bleibt beim Gleiten in der Bauchlage immer länger im Wasser).
- Die personalen und materialen Auftriebshilfen sparsam anwenden und im Verlauf des Unterrichts immer weniger anbieten,

denn die Schüler müssen erfahren und begreifen, dass das Wasser „Balken" hat (→ die Wirkung des statischen Auftriebs erfahren) und dass man sich am Wasser abdrücken kann. Also: Zunächst Auftriebshilfen anbieten und später etwa 2/3 der Übungszeit ohne Auftriebshilfen unterrichten („weniger ist mehr"). Materialien aber immer wieder als Bewegungshilfen, also nicht als Auftriebshilfen einsetzen, denn die Schüler müssen erfahren, dass sie im Wasser ohne Hilfe schweben und gleiten.

- Intensiv Überlernen („viel ist viel"), d. h. immer wieder „wiederholen, ohne sich zu wiederholen". Eine hohe Übungsfrequenz und Bewegungsvariationen gewährleisten, dass das neu Gelernte gefestigt wird.
- In Bauchlage (mit personaler Hilfe, dann mit materialer Hilfe, dann ohne Bewegungshilfe) immer wieder mit dem Gesicht im Wasser und den Armen in Vorhalte gleiten. Zunächst ohne Einatmung und Ausatmung, dann mit regelmäßiger Ein- und Ausatmung ins Wasser.
- Rückenlage nicht vernachlässigen, d. h. zunächst die Rückenlage bevorzugt anbieten: zunächst mit personaler Hilfe, dann nur mit materialer Hilfe, dann ohne Bewegungshilfen. Die SchSch müssen lernen, die Körperstellreflexe zu überwinden, und genießen dann die horizontale Körperlage im Wasser (Abb. 19).
- Rotationen um die Körperachsen in Bauch- und Rückenlage passiv (mit Lehrerhilfe) auslösen, später aktiv auslösen lassen – die Stabilisierung des Gleichgewichts immer weniger unterstützen.
- Sog als Bewegungshilfe nützen (Abb. 18): Der SchL geht zügig rückwärts und unterstützt zunächst mit Schultergriff, dann mit Kopfgriff, dann mit einem Finger am Hinterkopf und dann ohne taktile Hilfe: SchSch gleiten im Sog und bewältigen schnell eine längere Strecke ohne taktile Hilfe und haben motivierende Erfolgserlebnisse.

  Hinweis: Der SchL muss sich, um den nötigen Sog zu erzeugen, direkt hinter dem Kopf des SchSch positionieren und zügig rückwärtsgehen.
- Erst schwimmen (Hubschrauber, Raddampfer und Ruderboot) lernen (Abb. 4) und dann Schwimmarten (Abb. 5, Tab. 4) lernen.

Bewährte organisatorische Maßnahmen

Die nachfolgend gelisteten Empfehlungen gewährleisten einen sicheren (Kap. I-5), attraktiven und effektiven Schwimmunterricht.

- Die SchSch (SchSch) dürfen erst nach dem Lehrer in die Schwimmhalle, und sie gehen erst mit/nach dem Lehrer ins Wasser.

- Die Lehrenden sollten unbedingt vor der ersten Unterrichtseinheit Eltern und Schüler informieren: Wann? Wo? Wie? Was?
- Die Lehrenden müssen rettungsfähig sein (Kap. I-5).
- Die SchSch sollten etwa 2 Stunden vor dem Schwimmunterricht keine großen Mahlzeiten mehr zu sich nehmen.
- Die SchSch sollten vor dem Duschen – wenn notwendig – die Toilette besuchen.
- Das Rennen in der Schwimmhalle ist wegen der Rutschgefahr verboten (die SchSch „watscheln" – siehe Unterrichtsentwurf 1).
- Während der Unterrichtseinheit muss der SchL immer alle SchSch im Blick haben.
- Nur 6 Nichtschwimmer pro Lehrer können sicher unterrichtet werden.
- Die Nichtschwimmer sollten möglichst 2x pro Woche Unterricht haben. Jede andere Organisationsentscheidung ist wenig effektiv.
- Die SchL sollten idealerweise beim Anfängerunterricht mit im Wasser sein. Bei mehr als 6 SchSch (Nichtschwimmern) müssen die Lehrenden allerdings vom Beckenrand aus die Nichtschwimmer unterrichten.
- Der Lehrer muss sich versichern, dass ein Telefon oder ein Handy im Schwimmbad funktioniert und dass die Notrufnummern bereitliegen.
- Kopfsprünge erst bei einer Wassertiefe von mindestens 1,80 m lehren bzw. erlauben.
- Die Lehrenden müssen mutwilliges Untertauchen von Mitschülern und das Stoßen am Beckenrand und im Wasser unbedingt verbieten und sofort unterbinden.
- Eine Unterrichtseinheit sollte bei 28–30 °C nicht länger als 45 Minuten dauern, denn im Vergleich zu Erwachsenen frieren SchSch schneller: Zwischen 4 und 7 Jahren wird der „Babyspeck" abgebaut. Die Wärmeleitfähigkeit des Wassers ist groß.
  Das Oberflächen-Volumen-Verhältnis ist bei den SchSch der Primarstufe ungünstig.
- Wenn ein Schüler friert, sollten die Lehrenden mit der ganzen Gruppe warm duschen.
- Vor und nach dem Schwimmen sollten die SchSch ausgiebig duschen. Bei der „Duschorgie" sammeln die SchSch bereits wichtige Vorerfahrungen.
- Der Körper der Kinder sollte immer möglichst tief eingetaucht bleiben; um möglichst bald die Auftriebswirkung des Wassers zu erfahren.
- Sinkerlebnisse unbedingt vermeiden.
- Zu Beginn jeder Stunde die Übungen aus der vorangegangenen Stunde wiederholen.

- Immer ohne Anlauf, außer wenn rutschfeste Matten zur Verfügung stehen, vom Beckenrand ins Wasser springen.
- Keine Rückwärtssprünge und auch keine Schrauben vom Rand erlauben! Vorübung für Sprünge vom Rand: Im Wasser möglichst hoch und möglichst weit hüpfen und möglichst tief landen.
- Hausaufgaben anregen (s. unten), z. B.:
  - in der Badewanne ins Wasser und unter Wasser ausatmen,
  - warm und weniger warm duschen,
  - Schüler begleiten ihre Eltern ins Hallenbad.

Lernfortschritte und Hausaufgaben für die Schwimmschüler

Der Lernerfolg ist ganz entscheidend von der Anzahl der Übungseinheiten pro Woche abhängig. Um sichtbare Lernfortschritte zu erzielen, sollten mindestens 2–3 Übungseinheiten pro Woche stattfinden. Eine Schwimmstunde pro Woche oder, wie nicht so selten, eine Schwimmstunde alle 2 Wochen zu organisieren, ist aus lerntheoretischer Sicht ineffektiv. Es wird deshalb empfohlen, dass die Schule z. B. für die Klasse 2A zwei Schwimmstunden pro Woche im ersten Schulhalbjahr und für die Klasse 2B im zweiten Schulhalbjahr organisieren sollte (s. Organisationsoptionen, Kap. I-4.2).

Wir schlagen außerdem vor, dass die SchL nach jeder Stunde den SchSch ein Hausaufgabenblatt (Tab. 8) mitgeben.

Tab. 8: Hausaufgaben für die Schwimmschüler

Waschbecken	Badewanne	Schüler begleiten die Eltern ins Schwimmbad	Schüler begleiten die Eltern ins Schwimmbad
Tief einatmen und mit einem Strohhalm im gefüllten Waschbecken immer wieder „Blubberblasen" produzieren. Anmerkung: Möglichst viele Wiederholungen und ohne Pausen, d. h. einatmen und dann „blubbern" – einatmen und dann „blubbern"...	In Bauchlage (mit den Armen abstützen) tief einatmen und möglichst große „Blubberblasen" produzieren: Anmerkung: Möglichst viele Wiederholungen und ohne Pause, d. h. einatmen und dann „blubbern" – einatmen und dann „blubbern". Bei jeder Wiederholung länger „blubbern".	Im bauchtiefen Wasser rückwärts, vorwärts, seitwärts, gehen, laufen. Im bauchtiefen Wasser möglichst hochspringen und möglichst tief landen: Wer kann sich bei der Landung auf den Beckenboden setzen? Wer bleibt am längsten sitzen? Wer kann unter Wasser große „Blubberblasen" produzieren? Christian schleppt den Vater oder die Mutter, Vater oder Mutter schleppt Christian. Christian, Vater und Mutter probieren Delfinsprünge: Wer bewältigt die vorgegebene Strecke mit den wenigsten Delfinsprüngen, d. h. wer kann nach dem Sprung am längsten gleiten?	Christian, zwei Freunde und die Eltern schwimmen Rückenbeinschlag und Kraulbeinschlag (mit und ohne Schwimmbrett). Wer kann schon regelmäßig ein- und ins Wasser ausatmen? Christian und seine Freunde springen vom Rand mit Fußsprung ins Wasser (Wassertiefe >1,80 m). Wer kann mit den Füßen den Beckenboden berühren? Bei wem werden beim Fußsprung die Haare nicht nass? Clemens und Carola versuchen, nebeneinander und dann hintereinander zunächst nur kurze Strecken Kraul, Rücken und Brust zu schwimmen. Clemens und Carola versuchen nach einem Delfinsprung 3 Delfinbeinschläge unter der Wasseroberfläche auszuführen.
Mit dem Gesicht eintauchen und im gefüllten Waschbecken „Blubberblasen" produzieren (zuerst bedecken noch die Hände das Gesicht). Anmerkung: Möglichst viele Wiederholungen und ohne Pause, d. h. einatmen und dann „blubbern" – einatmen und dann „blubbern" ...	Im Ellenbogenstütz in Bauch- und Rückenlage Beine auftreiben lassen und 10x ein- und ausatmen. Auf den Boden der Badewanne legen und möglichst lange ausatmen. 10x wiederholen.	Christian demonstriert den Eltern Raddampfer, Hubschrauber und Ruderboot. Die Eltern probieren ebenfalls die demonstrierten Übungsformen.	

4 Praktisch-methodischer Ansatz

4.1 Methodisches Handwerkszeug

Bereits im Vorschulalter und vor allem im frühen Schulkindalter sind die motorischen Voraussetzungen gegeben, um das Schwimmen und die Schwimmarten effektiv, d. h. mit einem überschaubaren Zeitaufwand, zu lernen (Abb. 12). Es können selbstverständlich auch 3- oder 4-Jährige Schwimmarten lernen, allerdings muss, im Vergleich zu den Primarschülern, mit einem 2- bis 3-fachen Zeitaufwand gerechnet werden.

Die methodischen Einflussmöglichkeiten der Lehrenden auf motorische Aneignungsprozesse beziehen sich aus Sicht vieler aktueller theoretischer Konzepte (Roth, 1998, S. 27–46), in denen die Lernenden als „Informationsverarbeiter" angesehen werden, vor allem auf vier Bereiche: die Informationsvorgabe, die Übungsgestaltung, die Informationsrückmeldung sowie die Förderung der Lernmotivation. Im Schwimmunterricht müssen die SchL meist nur wenige angstreduzierende Maßnahmen unterstützen (S. 57).

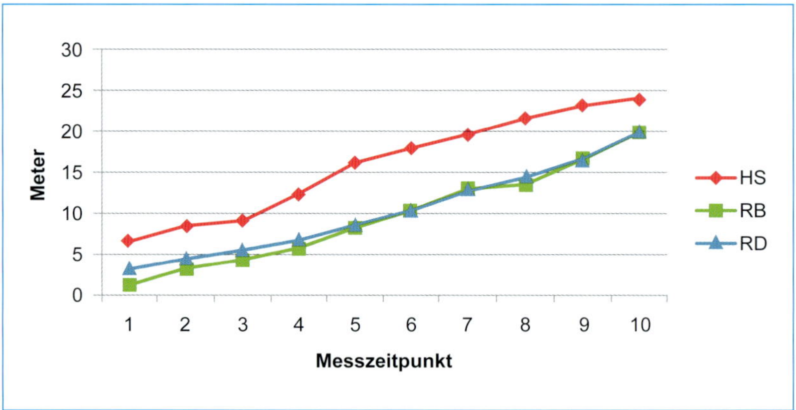

Abb. 12: Nach 10 Wochen (= 20 Übungseinheiten) können SchSch (Grundschule, Klasse 2) mit dem Hubschrauber (HS), dem Ruderboot (RB) oder dem Raddampfer (RD) 20 bis 25 m schwimmen. Mit dem Hubschrauber waren die SchSch bei dieser Untersuchung am erfolgreichsten (Rudelgast, 2010).

Informationsvorgabe

Instruktionen sollten nicht nur über etwas informieren, sondern auch motivieren. Das bedeutet, dass die SchL immer auch Entertainer sind. Nachfolgend sind die Instruktionsmodalitäten (= Art und Weise der Informationsvermittlung) aufgelistet, die wir den SchL empfehlen (Tab. 9). Ordnungsgesichtspunkt ist die jeweilige Informationsquelle.

Abb. 13: Schwimmlehrer sollten bei Instruktionen die räumliche Distanz (SchL am Beckenrand und SchSch im Wasser) minimieren. SchL nehmen dann eine Hockposition am Beckenrand ein

Tab. 9: Instruktionsmodalitäten (= Art und Weise der Information)

Modalität	Verbale Instruktionen
Metapher (= wirksames Sprachbild)	Beispiel: • Kraulbeinschlag und Rückenbeinschlag kennzeichnen: „an einen Ball kicken“.
Episode erzählen	Beispiel: • Brustbeinschlag (hier: Korrektur des Hüftwinkels, der mit 90 Grad während der Rückholphase des Brustbeinschlags zu klein ist): „Ein Fallschirmspringer springt aus dem Flugzeug und fällt mit hoher Geschwindigkeit zur Erde. Beim Öffnen des Schirmes wird er stark abgebremst.“

Modalität	Verbale Instruktionen
Umweltgebundene Anweisung (= Bezug zur Umwelt herstellen)	Beispiel: • Rückenlage: „Badehose an die Wasseroberfläche drücken" (Abb. 14).

Abb. 14: Bückposition in Rückenlage korrigieren: „Bauch an die Decke"

Modalität	Verbale Instruktionen
Körpergebundene Anweisung (= Bezug zum Körper herstellen)	Beispiel: • Rückenarmzug (Rückholphase): „mit dem Oberarm ein Ohr berühren".
Verbale Überkorrektur (= Anweisung ist übertrieben)	Beispiel: • Fehler: Kraulbeinschlag oder Rückenbeinschlag wird mit aktiver Beugung der Kniegelenke ausgeführt. Überkorrektur: „Mit gestreckten Beinen auf und ab schlagen".
Verbalisierung durch die SchSch	Beispiel: • Brustschwimmen: Ein Schüler beschreibt die zeitliche Kopplung von Armzug und Beinschlag beim Brustschwimmen, z. B.: „zuerst Zug mit den Armen und dann erst Beinschlag".
Fragestellung	Beispiel: • Ausatmung unter Wasser: „Hast du beim Ausatmen die von dir produzierten Luftblasen gesehen?"
Über zu erwartende sensorische Konsequenzen informieren	Beispiel: • Brustbeinschlag: „Beim einem kraftvoll ausgeführten Beinschlag spürst du Druck auf der Fußsohle".
Rhythmus vorgeben, mit akustischen Signalen die Bewegung begleiten	Beispiel: • Brustbeinschlag: „l a n g s a m – schnell" („langsam" beim Beugen der Kniegelenke und „schnell" bei der Schlagphase).
Figurale Anweisung (= Anweisung entspricht der äußeren Bewegungsfigur)	Beispiel: • Brustarmzug: „Zugbeginn mit gestreckten Ellenbogengelenken (langsam) – Beugung der Ellenbogengelenke (schnell) – Streckung der Ellenbogengelenke (langsam)".

Optische Instruktionen	
Demonstration	Anmerkung: Zunächst immer langsam, übertrieben und möglichst in horizontaler Position demonstrieren (z. B. Hüftbeugung bei einer Armzugdemonstration, damit der Oberkörper bei Demonstrationen an Land in „Schwimmposition" ist). Beispiele: • SchL demonstriert im Wasser einen fehlerhaften Brustbeinschlag (Rückholphase betont und Schlagphase nicht betont) und schwimmt dann fußwärts. • SchL demonstriert einen fehlerhaften Kopfsprung (mit Rückneigung des Kopfes) und „platscht" auf den Bauch. • Rückenbeinschlag: Der Lehrer bewegt die gestreckten Arme auf und ab und geht am Beckenrand mit. • Brustbeinschlag: SchSch schwimmt in Rückenlage mit Schwimmbrettchen auf dem Bauch, der SchL geht am Beckenrand mit und macht Kreisbewegungen mit den Händen und die SchSch imitieren.
Vergleichende Demonstration	Beispiel: • Zeitliche Kopplung des Armzuges mit dem Beinschlag beim Brustschwimmen: Richtige Kopplung versus falsche Kopplung demonstrieren.
Eigenbeobachtung	Beispiel: • Brustbeinschlag in Rückenlage schwimmen und kontrollieren, ob die Knie die Wasseroberfläche durchbrechen.

Taktile Instruktionen

Beispiele:

- SchSch sind im Wasser in Liegestützposition, z. B. auf einer Treppenstufe, der Lehrer legt seine Hände auf die Fußsohlen und führt die Füße beim Brustbeinschlag. Der Schüler drückt dann seine Fußsohlen bei der Schlagbewegung gegen die Hände des SchL (Abb. 15).
- SchL gibt taktile Hilfe, wenn SchSch einen Kopfsprung probieren (Abb. 16).

Abb. 15: Taktile Hilfe, wenn SchSch den Brustbeinschlag probieren

Taktile Instruktionen

Abb. 16: Taktile Hilfe, wenn SchSch den Kopfsprung probieren

Mit materialen (Abb. 17, 19) und personalen (Abb. 18) Hilfen instruieren	Anmerkung: Weniger ist hier mehr, d. h. die materialen Hilfen sparsam einsetzen, denn die SchSch sollen z. B. frühzeitig begreifen, dass das Wasser auftreibt – „das Wasser hat Balken!“

Abb. 17: SchSch erfahren den statischen Auftrieb

Taktile Instruktionen

Abb. 18: Mit personaler Hilfe gleiten und im Sog gleiten (der Schwimmlehrer geht zügig rückwärts und erzeugt den Sog)

Taktile Instruktionen

Abb. 19: Mit materialen Hilfen schweben und gleiten.

Kontrastübungen
Beispiel: • SchSch schwimmen Kraulbeinschlag am Schwimmbrett im Wechsel mit und ohne aktive Beugung der Kniegelenke.

Bewegungsaufgaben lösen
Beispiel: • Eine 10-m-Strecke mit möglichst wenigen Schwimm- oder Beinschlag- oder Armzugzyklen oder mit möglichst vielen Zyklen bewältigen.

Übungsgestaltung und Vereinfachungsstrategien

Für das Neulernen von Teil- oder Komplettbewegungen sind auf der Methodenebene die Vereinfachungsstrategien (s. unten) und das monotone Wiederholen kennzeichnend. Beim Überlernen, wenn also die Grobkoordination einer Schwimmart bereits gelingt, ist das „Wiederholen, ohne sich zu wiederholen" (Bernstein, 1969), neben dem monotonen wiederholen, die geeignete Strategie. Nach Olivier et al. (2013, S. 220) profitieren Anfänger „häufig stärker von moderater Variabilität und Fortgeschrittene stärker von höherer Variabilität" der Übungen.

Mit Hilfe der Vereinfachungsstrategien (Roth, 1998, S. 28–37) wird der Komplexitätsgrad von Bewegungen reduziert.

Prinzip der Verkürzung der Programmlänge

- Zielbewegung ist die Rollwende: Zunächst Rolle vorwärts im Wasser lehren
- Zielbewegung ist der Startsprung: Zunächst Kopfsprung ohne anschließende Gleitphase und ohne Übergang in die Komplettbewegung lehren

Prinzip der Invariantenunterstützung

- Zielbewegung ist die Rückenlage: Rückenbeinschlag mit einem kleinen Schwimmbrett (Abb. 19) schwimmen und den Bauch an das Schwimmbrett drücken (→ bedingt eine korrekte Körperlage im Wasser)
- Zielbewegung ist der Brustbeinschlag: Verbale Vorgabe: Kniegelenke l a n g s a m beugen und kraftvoll strecken: „l a n g s a m – schnell"

Prinzip der Parameterveränderung

- Zielbewegung ist das Rückenschwimmen: SchSch schwimmen den Rückenarmzug zunächst mit gestrecktem Ellenbogengelenk. Zielbewegung ist die korrekte Kopplung von Brustarmzug mit dem Brustbeinschlag: Armzug und Rückholphase der Beine werden von den SchSch zunächst gleichzeitig, d. h. noch nicht korrekt gekoppelt, ausgeführt.

Prinzip der Verkürzung der Programmbreite

- Zielbewegung ist die Schwimmart Brust: Zunächst nur Brustarmzug mit personaler oder materialer Hilfe lehren.
- Zielbewegung ist die Schwimmart Kraul: Zunächst Kraul noch ohne regelmäßige Ein- und Ausatmung lehren.

Prinzip der graduellen Annäherung

Verminderte Lernhilfe (vgl. Prinzip der Invariantenunterstützung):

- Zielbewegung ist der Kraulbeinschlag: Kraulbeinschlag mit und dann ohne Flossen üben lassen.
- Zielbewegung ist der Rückenbeinschlag: Zunächst mit personaler Hilfe, dann mit einem Brett schwimmen, das vom SchSch auf dem Bauch positioniert wird.

Prinzip der graduellen Annäherung

Vorübungen (vgl. Prinzip der Verkürzung der Programmbreite):

- Zielbewegung ist die Schwimmart Brust: Nur die Teilbewegungen Armzug und Beinschlag lehren.
- Zielbewegung ist der Kopfsprung: Zunächst Abfaller vorwärts vom Beckenrand aus der Hockposition üben lassen und die SchSch mit personaler Hilfe unterstützen (Abb. 16).

Informationsrückmeldung

Instruktionen vermitteln u. a. eine Vorstellung von der auszuführenden Bewegung aber auch unmittelbare Verhaltensänderungen. Z. B. gewährleisten die Instruktionen „Hinterkopf ins Wasser eintauchen“ und „Bauch an die Wasseroberfläche“ eine stabile Rückenlage. Rückmeldungen (Feedback) beziehen sich immer auf eine bereits ausgeführte Bewegung, die dem SchSch entweder gelungen ist oder fehlerhaft war. Die nachfolgend gelisteten Rückmeldestrategien haben sich bewährt und helfen dem Lehrenden, im Wasser oder vom Beckenrand aus, das Bewegungsverhalten der SchSch zu bestätigen oder zu korrigieren:

- Verlaufs- („knowledge of performance“) und ergebnisorientierte („knowledge of results“) Rückmeldungen: „deine Körperlage [beim Gleiten in Rückenlage] ist korrekt“ und „du hast die Schwimmstrecke mit zwei Zügen weniger bewältigt“.

Die Erfahrung zeigt, dass
- Demonstrationen der Lehrenden, die Imitationen der SchSch auslösen, sehr effektiv sind.
- Demonstrationen sind in horizontaler Position besonders effektiv, denn diese Position entspricht der Schwimmposition, z. B. sollte ein Brustarmzug vom Beckenrand aus immer mit vorgeneigtem Oberkörper demonstrierte werden. Demonstrationen im Wasser von einem Schüler, der z. B. in einem Verein trainiert, oder von dem SchL sind besonders effektiv.
- Bestätigungen oder Korrekturen können synchron zur Bewegungsausführung des SchSchs oder als Schnellinformation, d. h. „5 bis 30 Sekunden nach dem Ende der Bewegung“ oder als Spätinformation, d. h. „>30 Sekunden nach dem Ende der Bewegung“, vom SchL geliefert werden (Olivier et al., 2013, S. 206). Nach Olivier (2013, S. 209) sind „Post-Fremdinformationen“, also Informationen vor der erneuten Bewegungsausführung bis zu einem Zeitintervall von 2 Minuten effektiv.
- Für Olivier et al. (2013, S. 214) ist eine relative Häufigkeit von Fremdinformationen von 50%, also nach jedem zweiten Schülerversuch, und für Marschall und Daugs (2003, S. 286) ist eine relative Häufigkeit von 30%, also etwa nach jedem dritten Versuch, effektiv.“Zu häufige Fremdinformation kann negative Konsequenzen für die Behaltensleistung haben.“ (Olivier et al., 2013, S. 214).

Übungsumfang

Für das motorische Lernen ist u. a.“Langsames Können-Lernen“ (Spitzer, 2007, S. 65) kennzeichnend, d. h. „positive Behaltenseffekte“ (Olivier et al., 2013, S. 214) zeigen sich beim motorischen Lernen oft erst nach mehr als 90 Versuchen (Marschall, Bund & Wiemeyer, 2007).

Motivationsfördernde Maßnahmen

Neben den direkten Eingriffsmöglichkeiten des SchL – Informationsvorgabe, Übungsgestaltung und Informationsrückmeldung – sind für den Lernerfolg die intrinsische und extrinsische Motivation der

SchSch entscheidend. Folgende motivationsfördernde Maßnahmen sollten die SchL berücksichtigen:

SchL loben die SchSch (= positive Verstärkung)

Eine positive Verstärkung ist das Hinzufügen eines angenehmen Reizes, z. B. Lob oder ein SwimStars-Abzeichen (s. Anhang B), nach einer Verhaltensreaktion.

Beispiel: Nachdem sich der SchSch zum ersten Mal auf den Beckenboden hockt und große Luftblasen produziert, darf er zusammen mit anderen SchSch vom Beckenrand auf eine Matte springen und auf dem Floß den Kapitän spielen.

SchL korrigiert ungünstige Strategie (= negative Verstärkung)

Eine negative Verstärkung ist charakterisiert durch die Entfernung eines negativen Reizes nach einer Verhaltensreaktion.

Beispiel: Ein SchSch schwebt in Rückenlage mit einem Schwimmbrett unter dem Hinterkopf und ist unsicher. Der erfahrene SchL positioniert das Schwimmbrett auf dem Bauch, um die Körperlage zu stabilisieren. Der SchSch hat dann ein Erfolgserlebnis, denn er kann zum ersten Mal ohne personale Hilfe im Wasser schweben.

SchL garantiert Balance zwischen Unterforderung und Überforderung

Der SchL sollte bei der Auswahl seiner Übungen immer „ein vernünftiges Maß zwischen Unterforderung und Überforderung" (Berndt, 19983, S. 196) finden.

Beispiel: Die Rückenlage sollten die SchSch zunächst mit einer Bewegungshilfe (kleines Schwimmbrett auf dem Bauch) und mit Unterstützung des SchL probieren.

SchL bietet Teilziele an

Für langfristige Ziele erreichbare Zwischenmarken setzen und, nachdem eine Zwischenmarke bewältigt ist, den jeweiligen SchSch loben (= Freude am selbstverursachten Effekt).

Beispiel: Wenn die Vorformen der Schwimmarten, also Hubschrauber, Raddampfer und Ruderboot, beherrscht werden, sind entscheidend wichtige Zwischenmarken erreicht.

SchL vermittelt Erfolgserlebnisse

Durch konsequente Anwendung eines individuellen Vergleichsmaßstabes im Zusammenhang mit angemessener Aufgabenwahl Erfolgserlebnisse ermöglichen (Selbstwirksamkeit erleben) (Berndt, 1998, S. 196).

Beispiel: Der SchL meldet dem SchSch einen Lernfortschritt zurück, d. h. er wählt eine individuelle Bezugsnorm. „Letzte Woche konntest du nur unter Wasser große Blasen blubbern, und heute hast Du 3 Schwimmringe vom Beckenboden getaucht, Bravo!"

SchL bietet immer wieder unbekannte Bewegungsaufgaben an

Der SchL sollte die SchSch immer wieder an noch unbekannte, aber von ihnen zu bewältigende Situationen heranführen, an Bewegungsaufgaben, die die Neugier der SchSch wecken.

Beispiele: Tauchen und die Größe und die Anzahl der Luftblasen abschätzen, die die Mitschüler erzeugen. Kopfsprung mit und ohne Lehrerhilfe aus dem Sitz, aus der Hocke und später aus dem Stand probieren.

Angstreduzierende Maßnahmen

„Furcht und Angst können als negative Lernvariablen den motorischen Lernprozess beim Schwimmenlernen erschweren" (Möller, 1992, S. 145). Nach Wilke (2007, S. 12) zeigen SchSch, die Furcht oder „lernhemmende Angst" bewältigen müssen, u. a. eine beschleunigte Atmung, einen erhöhten Puls, einen starren Gesichtsausdruck mit unnatürlichem, verlegenen Lächeln sowie eine durch die psychische Belastung bedingte Muskelanspannung.

Die Auslösung von Angst oder Furcht kann beim Schwimmanfänger verschiedene Ursachen haben:
- Pädagogisch-psychologische Ursachen (z. B. Furcht, eine Bewegungsaufgabe nicht zu bewältigen; Furcht vor einem strengen SchL, der den SchSch überfordert; Furcht vor einem Mitschüler, der andere SchSch untertaucht und körperlich attackiert).
- Die Reizfülle der neuen Bewegungssituation.
- Schwächen des SchSch (z. B. konstitutions- und/oder konditionsbedingte und/oder psychische und/oder motorische Schwächen).

„Der zentrale didaktische Ansatz muss darin bestehen, den motivationalen Konflikt des Schwimmanfängers, der einerseits das Wasser aufsuchen möchte, weil ihn das Schwimmen können reizt, und der andererseits das Wasser meiden möchte, weil es ihm bedrohlich erscheint, so einseitig zu beeinflussen, dass die aufsuchende Tendenz immer stärker wird" (Gabler, 1977, S. 121). Die „emotionalen Auslöser" (Ekmann, 2009, S. 122) können über geduldige Zuwendung des SchL oder Ablenkungsstrategien und mit nachfolgend gelisteten Bewältigungsstrategien abgeschwächt werden:

- In einer geringeren Wassertiefe üben.
- Viele Materialien auf der Wasseroberfläche schwimmen lassen.
- Zunächst mit Kontakt zur Beckenwand und zum SchL im bauchtiefen Wasser gehen, laufen, hüpfen und springen.
- Am Beckenrand und dann im Wasser mit Materialien spielen, d. h. der SchL ist zunächst im Wasser und der SchSch sitzt zunächst am Beckenrand.
- SchL helfen den SchSch durch ihre methodischen Vorerfahrungen, u. a. berücksichtigt der SchL die eigentlich selbstverständlichen methodischen Prinzipien „vom Leichten zum Schweren" und „vom Bekannten zum Unbekannten".
- SchSch erkunden zusammen mit dem SchL die Schwimmhalle und spielen unter der Dusche mit Schwämmen und Bällen.
- SchSch erledigen zusammen mit ihren Eltern „Hausaufgaben": u. a. ausgiebig duschen, baden in der Badewanne, im Waschbecken ins Wasser blubbern und dabei möglichst große Blasen erzeugen.
- SchL haben ständigen Blickkontakt mit den SchSch. Eine motivierende Mimik und ermutigende Anweisungen des SchL wirken auf die SchSch positiv.
- Ein SchSch probiert immer wieder, verschiedene Materialien unter die Wasseroberfläche zu drücken und versucht, sich z. B. im bauchtiefen Wasser auf ein kleines Schwimmbrett zu stellen. Wenn dies gelingt, wird er vom SchSch gelobt, und sein Verhalten wird damit verstärkt. Der SchL wählt Übungsformen, die von den SchSch zu bewältigen sind, und liefert damit positive Verstärker.
- Zunächst möglichst im knietiefen bis bauchtiefen Wasser üben, denn der mit der Eintauchtiefe zunehmende statische Auftrieb bringt den SchSch aus dem Gleichgewicht, und der SchSch wird dadurch verunsichert.
- Zunächst mit möglichst vielen verschiedenen Materialien am Beckenrand und dann im bauchtiefen Wasser spielen, u. a. die Materialien unter Wasser drücken und wieder auftreiben zu lassen.

- Der SchL wählt Maßnahmen, die Vertrauen aufbauen: Der SchL führt z. B. den SchSch an der Hand (Körper- und Blickkontakt) oder der SchSch hält sich immer wieder am Beckenrand fest oder der SchSch lehnt sich an die Beckenwand und versucht, verschieden große Bälle unter die Wasseroberfläche zu drücken.
- Ein SchL betreut, wenn unbedingt notwendig, nur einen einzelnen SchSch, d. h. er kann dann diesem SchSch viel Einzelzuwendung bieten.
- Mit kognitiven Strategien Vertrauen aufbauen: Der SchSch versucht, den SchL, der in Hockschwebe an der Wasseroberfläche schwimmt, unter Wasser zu drücken.
- SchSch begreifen die zunächst fremde Bewegungssituation über einfache Demonstrationen: Der SchL demonstriert eine Hockschwebe.
- Wahrnehmungsübungen machen dem SchSch die Bewegungssituation vertraut: Hände langsam und schnell im Wasser bewegen, mit dem Bauch Wasser an die Wand drücken, immer länger auf einem Bein balancieren, verschieden große Bälle unter Wasser drücken.
- Manchmal ist es hilfreich, wenn der SchSch seine Angst/Furcht nicht bewältigt, den SchL zu wechseln, einen anderen Schwimmkurs zu besuchen oder einfach die Schwimmstunden für einige Monate ausfallen zu lassen.

4.2 Organisation der Schwimmeinheiten: Differenzierung, „Drehtürkonzept“ und geblocktes Lernen

Nachfolgend werden fünf Planungsoptionen präsentiert, die Anregungen für die Organisation des Schwimmunterrichts liefern. Ihnen ist gemeinsam, dass zur Reduzierung der Klassengrößen und der Leistungsheterogenität auf das Konzept der Differenzierung gesetzt wird und dass dem sogenannten geblockten Lernen der Vorzug gegenüber verteiltem Lernen gegeben wird. Neurologische Studien zeigen, dass die Lerneffektivität durch kontinuierliche Angebote und durch möglichst geringe Abstände zwischen den Vermittlungseinheiten gesteigert werden kann. Effektiver sind dementsprechend zwei Schwimmstunden pro Woche über ein halbes Schuljahr im Vergleich zu einer Schwimmstunde über das gesamte Schuljahr verteilt.

Die Entscheidung für eine Organisationsvariante ist selbstverständlich von den jeweiligen Zielstellungen der Lehrenden, den örtlichen Gegebenheiten und der personellen Situation im Kollegium abhängig.

Organisationsoption I

Der Unterricht nach dem Schwimmfix-Konzept findet nicht im Klassenverband statt, d. h. in Klasse 2 oder einer anderen Klassenstufe wird der Schwimmunterricht zunächst nur für die Nichtschwimmer einer Klasse angeboten. Die Lehrenden können dann nach einem „Drehtürkonzept" unterrichten: Die Schwimmer und ein Teil der Nichtschwimmer der jeweiligen Klasse haben eine Doppelstunde in der Sporthalle/auf dem Sportplatz. Die ersten sechs Nichtschwimmer der Klasse (Gruppe A) nehmen nicht am Unterricht in der Sporthalle/auf dem Sportplatz teil, sondern haben in der gleichen Zeit Schwimmunterricht. Nach 10 bis 12 Wochen können die Schüler der Gruppe A schwimmen (Hubschrauber, Raddampfer, Ruderboot) und werden wieder in den Unterricht integriert, der parallel zum Schwimmunterricht in der Sporthalle/ auf dem Sportplatz stattfindet. Nun kommen die nächsten sechs Nichtschwimmer der Gruppe B zum Schwimmunterricht.

Bei dieser Variante wird keine zusätzliche Lehrkraft benötigt, denn beim Schwimmunterricht im Klassenverband müssen, wenn verantwortlich gehandelt wird, ebenfalls zwei Lehrkräfte anwesend sein.

Organisationsoption II

Der Schwimmunterricht findet ebenfalls nicht im Klassenverband statt. In Klasse 2 oder in einer anderen Klassenstufe wird Schwimmunterricht nur für die Nichtschwimmer angeboten und externe Sportfachkräfte führen den Unterricht durch. Eine für den Schwimmunterricht der Schule verantwortliche Lehrkraft organisiert die Sportfachkräfte (z. B. Übungsleiter der Schwimmverbände oder der DLRG oder Sportstudierende), die dann die Nichtschwimmer der jeweiligen Grundschule unterrichten.

Organisationsoption III

Der Schwimmunterricht findet im Klassenverband statt:

- ein Lehrender unterrichtet: → „mission impossible",
- zwei Lehrende der jeweiligen Grundschule (ein Lehrender ist für die Nichtschwimmer verantwortlich) unterrichten → nur effektiv bei weniger als sieben Nichtschwimmern pro Klasse,
- ein Lehrender und mehrere externe Sportfachkräfte unterrichten (z. B. in einer Ganztagsschule),
- mehrere externe Sportfachkräfte unterrichten (z. B. in einer Ganztagsschule).

Organisationsoption IV

Additiver Extraunterricht für Nichtschwimmer am Nachmittag, z. B. an den Ganztagsschulen. Lehrende der Schule und/oder externe Sportfachkräfte unterrichten die Nichtschwimmer am Nachmittag, entweder einmal pro Woche oder mit Intensivangeboten (2 bis 3x pro Woche).

Organisationsoption V

Die Schule organisiert Kompaktkurse für Nichtschwimmer, z. B. während der Ferien, im Schullandheim oder während einer Sportwoche.

5 Sicherheit und Rettungsfähigkeit im Schwimmunterricht

Thomas Gundelfinger

5.1 Einleitung

Im Wasser ist der menschliche Körper scheinbar, in Abhängigkeit von der Eintauchtiefe und dem spezifischen Gewicht des Körpers, annähernd schwerelos. Dies ermöglicht dem Menschen, für eine begrenzte Zeit – gefühlt von der Gravitation befreit – ungewohnte Lagen und Positionen im Bewegungsraum Wasser einzunehmen und sich dabei um verschiedene Körperachsen zu drehen. Der oben beschriebene Effekt bedingt eine Erweiterung und Ergänzung unserer Bewegungserfahrungen im „Lebenselixier" Wasser.

Abb. 20

Im Schwimmunterricht werden Teilkompetenzen und Kompetenzen (Kap. I-2) vermittelt, und die SchL müssen gleichzeitig ein Höchstmaß an Sicherheit garantieren. Die verantwortungsbewusste Organisation der Sicherheitsmaßnahmen ist unverrückbare Voraussetzung für alle, die im Schwimmbad wirken.

Dieses sicherheitsrelevante Themenfeld wird im Folgenden aus der Perspektive der Schule behandelt. Das erscheint sinnvoll, weil für den Schwimmunterricht in den Schulen des Landes Baden-Württemberg differenzierte Standards formuliert sind (s. Veröffentlichung des Ministeriums für Kultus, Jugend und Sport, 2006), die in ihren Kernaussagen auch für alle im Sport tätigen Übungsleiter und Trainer gleichermaßen Gültigkeit besitzen. Die Kernaussagen umreißen die rechtliche Situation, beschreiben die geltenden Verantwortlichkeiten und behandeln die im Notfall notwendigen Hilfeleistungen.

5.2 Sicherheit im Schwimmunterricht und die Aufsichtspflicht der Lehrkräfte

Die Aufsichtspflicht ist für den Lehrer eine wesentliche, alle schulischen Bereiche umfassende Amtspflicht. Die gewissenhafte Wahrnehmung dieser Aufgabe stellt auch für die Sicherheit im Schwimmunterricht eine Grundvoraussetzung dar. Hinsichtlich der Aufsichtspflicht gelten allgemeine Regeln, auf die im Folgenden Bezug genommen werden soll.

Sinn der Aufsichtspflicht und somit auch Aufgabe des verantwortlichen Lehrers ist es, den Unterricht so zu planen und durchzuführen, dass

- Schüler vor Schäden weitgehend bewahrt werden,
- Dritte vor Schäden durch Schüler bewahrt werden und
- Sachbeschädigungen durch Schüler vermieden werden.

Die Durchführung der Aufsicht sollte folgenden Grundsätze berücksichtigen (Bizer & von Alberti, 2016), sie sollte

- vorausschauend sein,
- umsichtig und beständig erfolgen,
- situativ angemessen sein,
- von geeigneten Kontrollen begleitet sein und kontinuierlich durchgeführt werden.

Art, Umfang und Intensität der Aufsicht sind von verschiedenen Faktoren abhängig, u. a. vom Alter der Schüler, deren Entwicklungsstand, Einsichtsfähigkeit und Verlässlichkeit, aber auch von den Gefahrenquellen bestimmter Situationen und den räumlichen Gegebenheiten.

Die Aufsichtspflicht im Rahmen schulischer Veranstaltungen ist in keinem Gesetz ausdrücklich formuliert. Landesgesetzgeber und Schulverwaltung haben bewusst auf förmliche Regelungen zur Aufsichtspflicht verzichtet. Vielmehr sollen im schulischen Kontext die Eigenverantwortlichkeit und der pädagogische Ermessensspielraum die ihnen zustehende Bedeutung erhalten. Die Notwendigkeit, beim Schwimmunterricht die SchSch verantwortlich zu beaufsichtigen, ist, wie in jedem anderen Unterrichtsangebot auch, für die Lehrenden erste Pflicht. Bizer und von Alberti (2016) führen diese Pflicht juristisch betrachtet auf die Konsequenz des Minderjährigenschutzes zurück: Der Minderjährige ist für sein Tun nicht voll verantwortlich, daher füllt ein Erwachsener diese Lücke, in der Regel die Eltern.

Im Bürgerlichen Gesetzbuch (§ 1631) wird diese Aufgabe durch den Begriff der Personensorge näher erläutert: „Die Personensorge umfasst insbesondere die Pflicht und das Recht, das Kind zu pflegen, zu erziehen, zu beaufsichtigen und seinen Aufenthalt zu bestimmen". Nun greift der Staat massiv in das Erziehungsrecht der Eltern ein, in dem er die Schulpflicht gesetzlich vorschreibt. Aus dieser Verpflichtung zum Besuch einer Schule folgt, dass für die Zeit des Schulbesuchs die Pflicht zur Pflege und Erziehung und zur Personensorge und damit die Aufsichtspflicht an den Staat, in diesem Fall vertreten durch die Schule, übergeht. Somit tritt der Lehrer an die Stelle der Eltern. Auch im Rahmen der Fürsorgepflicht, welche eine Amtspflicht für einen Lehrer darstellt, hat der Lehrer gegenüber den Schülern Sorge zu tragen.

Eine weitere, in diesem Zusammenhang bedeutsame Pflicht stellt die Garantenstellung bzw. Garantenpflicht dar. Sie beschreibt das aktive Handeln eines Garanten gegenüber einer weiteren Person, die aufgrund einer rechtlichen Grundlage zum Handeln verpflichtet ist. Die Eltern-Kind-Konstellation mit der gültigen Fürsorgepflicht stellt eben genau diese Garantenpflicht dar. Für den Bereich der Schule wird der Lehrkraft diese Garantenstellung durch die Verfassung des Landes Baden-Württemberg [LV Artikel 14 (1) Schulpflicht] übertragen. Daraus resultiert für die Lehrkraft die Verpflichtung, in einer gesundheitsgefährdenden Situation für den Schüler adäquat zu agieren und Schaden von ihm fern zu halten. Darüber hinaus verpflichtet das Strafgesetzbuch gegen Strafandrohung bei Zuwiderhandlung jeden Bürger zur Hilfeleistung (StGB Paragraph 323c).[1]

Wie oben dargestellt, ist die Aufsichtspflicht der Lehrkraft vor dem Hintergrund verschiedener Gesetzesquellen begründbar. Sie ist eine zentrale pädagogische Aufgabe, die in Eigenverantwortung ausgeübt werden muss und in ihrer Gesamtheit nicht an andere Personen, wie z. B. einen Fachangestellten für Bäderbetriebe oder begleitende Eltern, übertragen werden kann.

Diese Abhandlung kann nicht den Anspruch erheben, Rechtssicherheit in allen erdenkbaren Einzelfällen aufzuzeigen. Zweifellos gelten der Maßstab *„diligentia quam in suis"* (Sorgfalt wie bei eigenen Angelegenheiten) und ein gesunder Menschenverstand als ein guter Ratgeber bei der anspruchsvollen und bedeutsamen Arbeit des Schwimmlehrers.

Der Gültigkeitsbereich der Aufsichtspflicht erstreckt sich auf alle unterrichtlichen – und auch außerunterrichtlichen – Situationen. Aus der Art des Unterrichts ergeben sich unterschiedliche Ansprüche an die Lehrkraft bei der Ausübung seiner Aufsichtspflicht. Der Unterricht im Klassenzimmer stellt andere Anforderungen als Sportunterricht.

Im Sportartenkanon dieses Schulfaches nimmt der Schwimmunterricht mit dem sicherheitssensiblen Bewegungsraum Wasser wiederum eine Sonderstellung ein. Während beim Sportunterricht in der Halle oder im Freien gegenüber dem Klassenzimmer „nur" eine erhöhte Verletzungsgefahr vermieden werden muss, gilt es im Schwimmunterricht darüber hinaus auch noch, solche Situationen zu vermeiden, die eine Gefahr für Leib und Leben bedeuten könnten.

Die im Wasser drohende Ertrinkungsgefahr macht – auch für die über den Unterricht Aufsicht führenden Institutionen – eine differenzierte Betrachtungsweise erforderlich. Die im Schwimmunterricht eingesetzten Lehrkräfte müssen besonderen Anforderungen genügen, die in Aus- und Fortbildungen im Bereich der

---

[1] Strafgesetzbuch § 323c Unterlassene Hilfeleistung: Wer bei Unglücksfällen oder gemeiner Gefahr oder Not nicht Hilfe leistet, obwohl dies erforderlich und ihm den Umständen nach zuzumuten, insbesondere ohne erhebliche eigene Gefahr und ohne Verletzung anderer wichtiger Pflichten möglich ist, wird mit Freiheitsstrafe bis zu einem Jahr oder mit Geldstrafe bestraft.

Schwimmmethodik und -didaktik sowie der Rettungsfähigkeit belegt werden müssen.

Deshalb gelten besondere – aufgrund der Kulturhoheit der Länder nicht bundesweit einheitliche – Regelungen dafür, welche Lehrkräfte im Schwimmunterricht eingesetzt werden können. Für das Land Baden-Württemberg regelt der im April 2006 im nichtöffentlichen Teil des Amtsblatts des Ministeriums für Kultus, Jugend und Sport Baden-Württemberg erschienene Hinweis zur „Prävention und Rettungsfähigkeit beim Schwimmunterricht sowie beim Aufenthalt am und im Wasser bei außenunterrichtlichen Schulveranstaltungen", wer unter welchen Bedingungen Schwimmen unterrichten und begleiten darf. In diesem Text sind die Anforderungen an die im Schwimmunterricht eingesetzten Lehrkräfte und die Rettungsfähigkeit (hier: Wasserrettung) festgelegt. Auf sie soll im Folgenden näher eingegangen werden.

5.3 Prävention und Rettungsfähigkeit

Prävention – ein im Gesundheitswesen geläufiger Begriff – beschreibt zielgerichtete Maßnahmen und Aktivitäten zur Vermeidung und Verzögerung gesundheitlicher Beeinträchtigungen. Auf den Schwimmunterricht bezogen heißt das, alle Maßnahmen einer möglichen Gefährdung durch geeignetes Handeln im Vorfeld abzuwenden. Ein unter methodisch-didaktischen und organisatorischen Gesichtspunkten geplanter, kompetent vertretener und durchgeführter Schwimmunterricht, welcher die Gegebenheiten vor Ort und die körperliche und geistige Entwicklung der Schüler berücksichtigt, reduziert die Gefahren auf ein Minimum. Die im Schwimmunterricht eingesetzten Lehrkräfte müssen folglich über eine fundierte Ausbildung im Bereich der sportartspezifischen Methodik und Didaktik verfügen, um Gefahrenquellen erst gar nicht entstehen zu lassen. Diese Kompetenz muss im Rahmen des Sportstudiums und in entsprechenden Aus- und Fortbildungen erworben werden.

Rettungsfähigkeit bedeutet, dass die Lehrkraft adäquat handeln kann, wenn allen Präventionsmaßnahmen zum Trotz Unvorhersehbares eintritt und ein Schüler in Gefahr gerät.

Diese Vorgabe regelt unmissverständlich, was eine Lehrkraft im Notfall leisten können muss, wenn sie Schwimmunterricht erteilt. Sie bezieht sich letztlich immer auf eine spezifische, von den

Die Lehrkraft muss zur Rettung fähig sein.

Die Rettungsfähigkeit wird als die Fähigkeit definiert, eine Person aus einer gesundheits- oder lebensgefährdenden Situation im Wasser retten zu können. Die Wasserrettung setzt spezifische theoretische Kenntnisse und ein hinreichendes Maß an körperlicher Leistungsfähigkeit voraus, um die notwendigen Handlungen auch durchführen zu können, d. h. die Lehrkraft muss auch unter höchsten Stressbedingungen (vgl. Ministerium für Kultus, Jugend und Sport, Heft 7, 4. April 2006)

- situativ angemessen handeln,
- auch von der tiefsten Stelle des Beckens, in dem der Unterricht stattfindet, einen verunglückten Schüler an die Wasseroberfläche holen,
- ihn mit dem Gesicht über Wasser an den Beckenrand schleppen,
- ihn über den Beckenrand bergen,
- sowie lebensrettende Sofortmaßnahmen durchführen und
- einen Notruf absetzen können.

Diese Aufgabe schließt die Kenntnis und die Handhabung von Rettungsgeräten ein.

örtlichen Gegebenheiten des Schwimmbads bestimmte Unterrichtssituation, die durch spezielle Faktoren wie beispielsweise die Beckengröße oder den Übergang vom Flachwasser ins Tiefwasser gekennzeichnet ist. Dabei gilt für die Lehrkraft die bereits erwähnte Eigenverantwortlichkeit für die Rettungsfähigkeit:

Die Lehrkraft hat im Rahmen ihrer beruflichen Fortbildungspflicht selbst Sorge dafür zu tragen, dass sie stets in dem zu unterrichtenden Schwimmbecken psychisch, physisch und inhaltlich den Anforderungen der Rettungsfähigkeit genügt.

Im Gegensatz zu den kultusministeriell flexibel formulierten Regelungen (z. B. bezüglich der Wassertiefe) fordert die DLRG (größter Wasserrettungsdienst in Deutschland mit rund 1,3 Millionen Mitgliedern) mit dem Deutschen Rettungsschwimmabzeichen Silber[2] normierte Anforderungen, die dann für alle am Schwimmunterricht beteiligten Lehrkräfte verbindlich sein sollten. Diese Anforderungen entsprechen allerdings im wesentlichen Kern den oben beschriebenen Merkmalen.

---

[2] Anforderungen des Rettungsschwimmabzeichens in Silber der DLRG können eingesehen werden unter: https://www.dlrg.de/lernen/breitenausbildung/rettungsschwimmen.html

5.4 Sicherer Schwimmunterricht: Planung und Durchführung

In dem sich nun anschließenden unterrichtspraktisch orientierten Teil soll das Augenmerk auf mögliche Umsetzungshilfen für die oben beschriebene Fürsorge- und Aufsichtspflicht gelegt werden. Die folgenden – keinen Anspruch auf Vollständigkeit erhebenden – Überlegungen, Hinweise und Maßnahmen sollten unter Berücksichtigung von Alter, geistiger und körperlicher Entwicklung der Schüler sowie den örtlichen Gegebenheiten im Rahmen eines Schwimmunterrichts zur Anwendung kommen. Sie lassen sich strukturieren in

- solche, die für die Planung im Vorfeld des Lehrauftrags notwendig sind,
- solche, die mit der Klasse vor dem ersten und beim ersten Schwimmbadbesuch geschehen müssen und
- solche, die bei jeder Schwimmstunde Eingang finden müssen.

Planung im Vorfeld

Vor der ersten Schwimmstunde hat die Lehrkraft durch einen Besuch der Schwimmhalle die Aufgabe, sich über die dort anzutreffenden Gegebenheiten zu informieren, um ihr Handeln im Unterricht darauf abstimmen zu können. Hierbei sollten z. B. folgende Fragen geklärt werden:

- Wie sind die Wege gestaltet, die die Schüler im Schwimmbad zurücklegen müssen (Umkleide – Dusche, Dusche – Schwimmbecken, Schwimmbecken – Toilette)?
- Welche Wasserflächen stehen mit welcher Wassertiefe für den Unterricht zur Verfügung?
- Kann das Schwimmbecken durch eine Leine vom tiefen Bereich oder anderen Schulkassen abgetrennt werden?
- Müssen in den vorhandenen Schwimmbecken besondere Gefahrenquellen beachtet werden wie Auslaufbecken von Rutschen, Wasserstrudel, Unterwasserdüsen usw.?
- Gibt es einen Lehrmittelraum und welche Materialien stehen für die Gestaltung des Unterrichts zur Verfügung?
- Wo ist ein frei zugängliches Telefon, von dem aus ein Notruf abgesetzt werden kann?
- Wie erreiche ich bei technischen Störungen (z. B. Chlorgasalarm) das für die Betriebssicherheit verantwortliche Personal?

- Wo steht oder hängt der Erste-Hilfe-Kasten?
- Wo befinden sich die Notausgänge?
- Welche vom Lehrer einsetzbaren Rettungsmittel (Rettungsball mit Rettungsleine, Rettungsstange, Rettungsring, Gurtretter) stehen zur Verfügung?
- Wo befindet sich ein geeigneter Ort, an dem die Unterrichtsgespräche durchgeführt werden können?
- Wo befinden sich die Sammelumkleideräume, das WC und die Duschen? Der aufsichtspflichtige Weg zwischen Unterrichtsbecken und Sanitäranlagen ist deshalb bedeutsam, weil ein Schüler bei einem Toilettenbesuch während des Schwimmunterrichts die Gruppe verlässt.

Diese und ähnliche Fragen können im Vorfeld mit den Fachangestellten für Bäderbetriebe erörtert werden. Das örtliche Personal kennt sein Schwimmbad genau und ist ebenso wie die Lehrkraft daran interessiert, einen möglichst sicheren Ablauf zu gewährleisten. Eine gute Kooperation schafft für die gemeinsame Zielsetzung – nämlich die höchstmögliche Sicherheit – eine tragfähige Basis.

Vorbereitung der ersten Schwimmstunde

Um einen sicheren Ablauf in der Schwimmhalle zu gewährleisten und die zur Verfügung stehende Zeit optimal auszunutzen, sollte der Schwimmunterricht im Klassenzimmer vorbereitet werden. Hierzu gehören z. B. folgende Themen:

- Regeln: Durch Malvorlagen oder Memorys, welche auf den Seiten der DLRG (www. dlrg.de/regeln/malvirlagen-baderegeln.html) zu finden sind, besteht die Möglichkeit, die Baderegeln schon vorher kennen zu lernen.
- Hygieneregeln: Das Besprechen der Hygieneregeln (z. B. Mitführen von Hygieneartikeln wie Haarwaschmittel und Seife).
- Verhaltensregeln: Beispiel „Keiner verlässt die Gruppe ohne Erlaubnis“ (z. B. zum Toilettenbesuch).
- Schwimmkleidung: Schüler, aber auch Lehrkräfte haben eine sportlich funktionelle Schwimmbekleidung zu tragen. Unter einer sportlich funktionellen Schwimmbekleidung wird eine leichte, enganliegende Schwimmkleidung verstanden. Freizeitorientierte Badehosen (wie z. B. Schwimmshorts, Sporthosen,

Boxershorts) bedingen einen erhöhten Wasserwiderstand, sind deshalb für das Schwimmen nicht funktionell, erschweren gerade bei Anfängern das Schwimmen-Lernen und können wegen ihres Gewichts zum Sicherheitsrisiko im Wasser werden. Der Elternabend eignet sich besonders gut, um Einsichten für die Verbindlichkeit einer funktionellen Schwimmbekleidung zu erzeugen.

- Bademützen: Schülern mit langen Haaren bietet das Tragen einer Bademütze Vorteile im Hinblick auf eine bessere Sicht.

- Schwimmbrille: Dem Baden-Württembergischen Bildungsplan der Primarstufe von 2016 ist zu entnehmen, dass die Schüler „unter Wasser die Augen offenhalten und sich orientieren" können müssen. Ein grundlegendes Ziel im Anfängerschwimmen sollte die Entwicklung der Toleranz des Auges gegenüber dem Wasserkontakt sein. Dafür muss die Überwindung des Lidschlussreflexes gezielt geübt werden, weil die optische Orientierungsfähigkeit im Wasser jederzeit (auch bei einem Sturz ins Wasser oder beim Verlust einer Brille) stets gewährleisten sein muss. Im Bereich der Wassergewöhnung sollte deshalb eine Schwimmbrille nur selten Verwendung finden. Beim späteren Erwerb und beim Üben der Schwimmtechniken kann sie zum Schutz der Augen und zur Verbesserung der Sicht von Vorteil sein. Grundsätzlich dürfen Schwimmbrillen nur bis zu einer Wassertiefe von höchstens 2 m Verwendung finden. Bei größeren Tauchtiefen muss die Schwimmbrille durch eine Taucherbrille ersetzt oder ohne Brille getaucht werden.

- Notfallbesprechung: Jede Lehrkraft sollte ein Notfallsignal (z. B. drei kurze laute Pfiffe; Vermerk im Klassenbuch!) mit den Schülern vereinbaren und die damit verbundenen Verhaltensweisen festlegen: Muss die Lehrkraft einem Schüler im Wasser zu Hilfe kommen, müssen alle anderen Schüler nach dem Notfallsignal auf dem kürzesten Weg den Beckenrand aufsuchen und das Wasser verlassen. Es ist zu beachten, dass eine um den Hals umgehängte Trillerpfeife im Wasser eine Gefahr für den Lehrer/Retter darstellen kann, weil sich der zu Rettende daran festhalten könnte. Eine Mitführung derselben mit Sicherheitsverschluss am Schlüsselband löst das Problem.

- Wenn weitere Lehrkräfte oder andere Personen den Unterricht begleiten oder an der Gestaltung des Unterrichts beteiligt werden, sollten im Vorfeld die Aufgaben klar verteilt und die Vorgehensweise bei einem Notfall besprochen werden.

Die erste Schwimmstunde

Beim ersten Schwimmbadbesuch sollten die bereits besprochenen Verhaltensregeln und die beim Schwimmunterricht gültigen Rituale wiederholt werden:

Nach dem Umziehen werden die Schüler an der Tür der Umkleidekabine abgeholt. Es erfolgt eine gemeinsame Begehung der Schwimmhalle, bei der sich die Schüler einen Überblick über die verschiedenen Bereiche der Sportstätte (z. B. Schwimmmeisterkabine, Duschen, Toiletten, Schwimmbecken, Lehrmittelraum) machen können. Anschließend gehen SchL und SchSch gemeinsam zu den Duschen. Danach werden die Schüler von der Lehrkraft in den Unterrichtsbereich geführt.

Es wird festgelegt,
- wo (z. B. auf Bänken) sich die Schüler bei den folgenden Schwimmstunden nach dem selbstständigen Betreten des Beckenbereichs sammeln, in dem sich der Lehrer dann schon vor den Schülern befindet,
- dass die Freigabe der Wasserfläche immer durch die Lehrkraft (Blickkontakt und Handzeichen) erfolgt,
- dass in dem Ausnahmefall der Abwesenheit des Lehrers ein striktes Wasserverbot gilt.

Der „normale“ Schwimmunterricht

Abgesehen von den besonderen Gegebenheiten der ersten Schwimmstunde sollten bei allen folgenden Schwimmstunden folgende Punkte Beachtung finden:

- Verhaltensregeln: Fallspezifische Wiederholung der anfangs besprochenen Regeln.
- Schülerzahl: Der Lehrer muss zu jedem Zeitpunkt einen genauen Überblick über die Anzahl seiner Schüler haben (z. B. durch ritualisiertes Abzählen beim Betreten und Verlassen des Schwimmbads, zu Beginn und am Ende des Unterrichts, in besonderen Fällen auch während des Unterrichts wie beispielsweise beim Wechseln der Wasserfläche).
- Standort der Lehrkraft: Der Standort ist (in der Regel) außerhalb des Beckens so zu wählen, dass der SchL die Wasserfläche, den Beckengrund und die gesamte Schwimmgruppe im Blickfeld hat.

Geht der Lehrer aus zwingenden methodischen Gründen gemeinsam mit den Schülern ins Wasser, darf sich kein SchSch im schwimmtiefen Wasser befinden, und alle Schüler müssen im Blickfeld des Lehrers sein. Der Übergang vom flachen Bereich in den tiefen Bereich ist durch eine Leine abzutrennen.

- Unterrichtsorganisation: Die Verwendung von geeigneten Organisations-, Einteilungs- und Unterrichtsformen regelt den Hin- und Rückweg der gestellten Aufgabe, beugt Unfällen vor und ermöglicht der Lehrkraft einen besseren Überblick über die Schwimmgruppe.
- Ergebnissicherung: Die Abnahme von Schwimmabzeichen zur Ergebnissicherung, zur Überprüfung von Standards wird empfohlen.
- Sprünge ins Becken: Beim Springen ist streng darauf zu achten, dass sich nur ein Schüler im Absprungbereich befindet und erst dann gesprungen werden darf, wenn die Wasserfläche durch den Lehrer freigegeben ist. Kopfsprünge sind nur bei einer Wassertiefe ab 1,80 m erlaubt.
- Tauchen: Beim Tauchen muss die Lehrkraft die Auswirkungen von Druckausgleich und Hyperventilation kennen und beachten.
- Die Lehrkraft verlässt immer als Letzter die Schwimmhalle mit einem Rundgang um das Becken und sorgt dafür bzw. vergewissert sich, dass kein Schüler in die Schwimmhalle zurückkehrt bzw. zurückgekehrt ist.

Die sorgfältige Vermittlung der aufgezählten Punkte kennzeichnet die Qualität einer jeglichen Aus- und Fortbildung zum Thema Schwimmunterricht. Die Kompetenzen zur Rettungsfähigkeit müssen eigenverantwortlich im Rahmen der Fort- und Weiterbildung in angemessenen Abständen wiederholt, aufgefrischt und eingeübt werden.

Land, Kommunen und andere Badbetreiber haben die Verantwortung dafür, genügend Wasserfläche zur Verfügung zu stellen, damit das Lernen und Üben auch ermöglicht werden kann. Kleinere Bäder, z. B. Lehrschwimmbecken, sollten nicht geschlossen, sondern mit allen Möglichkeiten vor der Schließung bewahrt werden. Denn oftmals lernen die Kinder gerade dort das Schwimmen und erwerben ein Kulturgut, welches sie am gesellschaftlichen Leben teilhaben lässt und das manchmal sogar auch eine Art von Lebensversicherung darstellt.

II

Unterrichtspraxis

6 Unterrichtsentwürfe und Spiele

Das Teilkompetenz-Episoden-Raster (Tab. 3) liefert die Vorgabe für die Reihung der nachfolgend präsentierten 29 Unterrichtsentwürfe. Ein Unterrichtsentwurf umfasst eine oder mehrere Unterrichtsstunden, mit denen ein didaktisches Ziel, eine inhaltliche Teilkompetenz, behandelt bzw. erarbeitet wird. Die Inhalte der Unterrichtsentwürfe gewährleisten, dass die SchSch eine oder mehrere Teilkompetenzen beherrschen.

Die Zeitschiene soll von den Lehrenden ausgefüllt werden, denn die Autoren kennen die jeweils zur Verfügung stehende Unterrichtszeit nicht. Die SchL können, in Abhängigkeit vom Fertigkeitsniveau der SchSch und der jeweiligen Unterrichtszeit, in einer Schwimmstunde die gesamten Vorgaben der vorgeschlagenen Einheit oder nur Teile der Einheit umsetzen. In Kapitel III werden zahlreiche Spiele im Wasser vorgestellt, denn im Schwimmunterricht wird nicht nur gelernt, sondern vor allem auch gespielt und etwas ausprobiert.

Die in einer Schwimmstunde vermittelbaren Inhalte werden u. a. bestimmt von folgenden Organisationskomponenten:

- Der Unterrichtszeit.
- Der Anzahl der SchSch, die von dem jeweiligen Lehrer unterrichtet werden bzw. der Anzahl der SchL pro Klasse.
- Der Anzahl der Schwimmstunden pro Woche (z. B.: eine oder zwei oder eine Schwimmstunde nur alle 2 Wochen).
- Der Anzahl der Wochen, die für den Schwimmunterricht zur Verfügung stehen.
- Der Niveauvielfalt der SchSch.
- Den Vorerfahrungen der SchL.
- Den situativen Bedingungen (Entfernung der Schwimmhalle, räumliche Gegebenheiten des Schwimmbades, vorhandene Materialien).

In den nachfolgend präsentierten Unterrichtsentwürfen werden den Übungsformen und Spielformen immer wieder didaktische Empfehlungen (Methoden, Instruktionsmodalitäten, Organisationsformen, personale und materiale Hilfen) zugeordnet. Die Entwürfe sind jeweils 3-stufig gestaltet, d. h. dem Einstieg folgen der Hauptteil und der Ausklang. Die SchL können nun für ihre Unterrichtsstunde aus den 3 Gliederungseinheiten die für ihre Schwimmeinheit passenden Inhalte auswählen oder die vorgeschlagenen Unterrichtsinhalte insgesamt umsetzen.

Die Auswahl hängt u. a. von der Unterrichtszeit und den räumlichen Gegebenheiten ab. Die Unterrichtsplanung bzw. die -inhalte orientieren sich u. a. an den Zielvorgaben, den Lernfortschritten der SchSch und den äußeren Rahmenbedingungen, d. h. die Vorgaben der Unterrichtsentwürfe können in 1, 2 oder 3 Schwimmstunden vermittelt werden. Die SchL können die von ihnen prognostizierte Unterrichtsdauer für den Einstieg, den Hauptteil und den Ausklang in die Zeitschiene eintragen.

Von den 29 Unterrichtseinheiten werden 21 im vorliegenden Schwimmbuch und 8 online (Nr. 8, 12, 14, 17, 19, 23, 25, 29) präsentiert. Die zusätzlichen Stundenentwürfen als PDF-Dateien finden sie unter www.sportfachbuch.de/m/161033

Wir empfehlen, dass vor allem zu Beginn des Schwimmkurses den SchSch „Hausaufgaben“ (Kap. II-3.2) gegeben werden, die sie mit ihren Eltern am Waschbecken, in der Badewanne und im Schwimmbad ausprobieren können.

Tab. 10: Zuordnung der Unterrichtsinhalte zu den Teilkompetenzen (TK I bis TK V, siehe Tab. 3) im Überblick

Teilkompetenz u. Unterrichtsentwürfe	Kennzeichnende Inhalte
TK I: Unterrichtsentwürfe Nr. 1 u. 2	Die SchSch lernen sich in der zunächst noch mehr oder weniger fremden Bewegungssituation Wasser in vertikaler Position zu bewegen. 

Teilkompetenz u. Unterrichtsentwürfe	Kennzeichnende Inhalte
TK II: Unterrichtsentwurf Nr. 3	Die SchSch lernen tauchen, im Wasser einatmen und unter Wasser ausatmen. Die SchSch lernen im und ins Wasser springen.  
TK III: Unterrichtsentwürfe Nr. 4 bis Nr. 10	Die SchSch lernen die Bewegungssituation in horizontaler Position zu bewältigen.  

Teilkompetenz u. Unterrichtsentwürfe	Kennzeichnende Inhalte
TK IV: Stundenentwürfe Nr. 11 bis Nr. 19	Die SchSch lernen mit den Technikvorformen Raddampfer, Hubschrauber, Ruderboot schwimmen.   
TK V: Stundenentwürfe Nr. 20 bis Nr. 29	Die SchSch lernen eine oder mehrere Schwimmarten und bewältigen immer längere Distanzen.  

Unterrichtsentwurf Nr. 1: SchSch bewegen sich in vertikaler Position im bauch-/brusttiefen Wasser

Klasse: ______ Datum: ____________ Fertigkeitsorientierte Teilkompetenz I (Tab. 3), Anzahl der empfohlenen Unterrichtsstunden: 2 bis 3

Benötigte Materialien: Bälle, Schwämme, Plastikbecher

Zeit-schiene	Inhalte und Methoden	Instruktionen	Organisation, materiale und personale Hilfen
	Einstieg		
… …		Verhaltensregeln vor den ersten Schwimmstunden immer wieder besprechen!	
… …	**SchSch duschen ausgiebig** SchSch duschen erst nur den Rücken, dann den Bauch und den ganzen Körper. SchSch spielen unter der Dusche mit verschiedenen Materialien und singen ein Lied, z. B. „Alle meine Entchen …“ oder „Plitsch, platsch, Schwimmfix …“ (Anhang D) Die SchSch imitieren beim Singen Ereignisse, die im Lied vorkommen, z. B. „Köpfchen in das Wasser“.	„Zaubertrick: Wenn Wasser in die Augen spritzt, dann 3 x kräftig mit den Augen zwinkern, um die Augen vom Wasser zu befreien.“	Mit Schwämmen, Plastikeimern, Plastikbechern unter der Dusche spielen. Nach der Duschparty wie Pinguine hintereinander zur Treppe oder zur Leiter oder zum Beckenrand watscheln.  Vom Beckenrand oder über eine Treppe ins hüft- bis bauchtiefe Wasser: SchL ist im Wasser und hilft, wenn notwendig, jeweils einem SchSch ins Wasser.

Zeit-schiene	Inhalte und Methoden	Instruktionen	Organisation, materiale und personale Hilfen
Hauptteil			
... ...	**SchSch bewegen sich im bauch- bis brusttiefen Wasser in vertikaler Position** • SchSch gehen im Wasser am Beckenrand entlang. • SchSch gehen abwechselnd auf Zehenspitzen und in Hockposition. • SchSch schleichen mit dem Kinn an der Wasseroberfläche durch das Wasser. • SchSch singen und imitieren wieder die Entchen: „Köpfchen in das Wasser, Schwänzchen in die Höhe". • SchSch duschen sich mit Plastikbechern. • SchSch joggen und drehen sich immer wieder um die Körperlängsachse. • Bälle unter die Wasseroberfläche drücken und auftreiben lassen. 	„Versucht immer wieder, mit der Stirn, dann der rechten Wange, dann der linken Wange und dann mit dem Kinn die Wasseroberfläche zu berühren." „Versucht, unter der Wasseroberfläche vor dem Körper, dann hinter dem Körper zu klatschen." 	SchSch bewegen sich in Kreisformation oder als Schlange (Hände auf den Schultern des Vordermanns) im Zickzack, der jeweils letzte SchSch läuft möglichst schnell an der Schlange vorbei und wird dann zum „Anführer" und SchSch gehen/joggen kreuz und quer im vorgegebenen Bewegungsraum.
Ausklang			
... ...	**SchSch spielen und probieren** Zauberfangen (Kap. III-7)		

Unterrichtsentwurf Nr. 2: SchSch bewegen sich in vertikaler Position im bauch-/brusttiefen Wasser

Klasse: ______ Datum: ____________ Inhaltliche Teilkompetenzen I, II (Tab. 3), Anzahl der empfohlenen Unterrichtsstunden: 1

Benötigte Materialien: Schwämme, Spraydosen

Zeit-schiene	Inhalte und Methoden	Instruktionen	Organisation, materiale und personale Hilfen
	Einstieg		
… …	**SchSch duschen**		
	Schneeballschlacht beim Duschen, d. h., mit Schwämmen werfen und/oder mit Rasierschaum sprayen.	„Bitte die Schwämme nicht in das Gesicht eines Mitschülers werfen.“„	Schwämme, Spraydosen mit Rasierschaum.
… …	**SchSch spielen und probieren**		
	Balancespiel (Kap. III-7)		Spiel bereits vor dem Duschen erklären und organisieren.
	Hauptteil		
… …	**SchSch sammeln Bewegungserfahrungen in vertikaler Position**		
	Im Wasser vorwärts, rückwärts, seitwärts, in der Hocke schleichen und die Unterarme im Wasser vor dem Körper kreisen oder mit Händen neben dem Körper paddeln oder vor dem Körper in und gegen die Bewegungsrichtung schaufeln.	„Versucht, immer wieder große Löcher ins Wasser zu blasen.“	Den ängstlichen SchSch personale Hilfe anbieten (SchL oder Mitschüler reichen den SchSch die Hand).
	SchSch probieren Riesenhüpfer und Riesenschritte	„3 Riesenhüpfer/-schritte und dann 3 Zwerghüpfer/-schritte im Wechsel.“	
	Im bauchtiefen Wasser möglichst hoch springen und möglichst tief landen (>5 x)		

Zeit-schiene	Inhalte und Methoden	Instruktionen	Organisation, materiale und personale Hilfen
	SchSch bewegen sich mit 3 Kreuzschritten seitwärts nach links und mit 3 Kreuzschritten seitwärts nach rechts.	„Versucht, die Kreuzschritte im Wechsel langsam und schnell ausführen.“	SchL oder Mitschüler demonstriert die Kreuzschritte und einen Sprung.
	Vom Beckenboden und dann vom Beckenrand aus der Hockposition oder aus dem Stand zum SchL zu springen. 	„Versucht, beim Sprung vor dem Körper oder über dem Kopf in die Hände zu klatschen.“	
	Ausklang		
… …	Pendelstaffel im bauch- bis brusttiefen Wasser, SchSch joggen oder reiten auf einer Poolnoodle. 	„Beim Joggen Brustarmzüge mit Maulwurfhänden ausführen.“	Laufstrecken nicht zu lang (max. 5 m), SchL oder Mitschüler demonstriert die Brustarmzüge.

Unterrichtsentwurf Nr. 3: SchSch lernen im Wasser ein- und ins Wasser auszuatmen, im und ins Wasser zu Springen

Klasse: ______ Datum: ________ Inhaltliche Teilkompetenz II (Tab. 3), Anzahl der empfohlenen Unterrichtsstunden: 1

Benötigte Materialien: kleine Schwimmbretter, Tischtennisbälle, Plastikbecher

Zeit-schiene	Inhalte und Methoden	Instruktionen	Organisation, materiale und personale Hilfen
	Einstieg		
… …	SchSch joggen kreuz und quer im bauch- bis brusttiefen Wasser und springen immer nach 10 Schritten hoch und landen ganz tief (mit dem Kinn an der Wasseroberfläche).	„Zählt die Schritte ganz laut mit."	Kreuz und quer im bauch- bis brusttiefen Bereich, der vom SchL gekennzeichnet wurde (z. B. mit Schwimmbrettern am Beckenrand).
	Hauptteil		
… …	**SchSch blubbern und tauchen**		
	Große Löcher in die Wasseroberfläche pusten.	„Wer kann beim Duschen die Augen öffnen?"	In Kreisformation üben, SchL oder Mitschüler demonstrieren immer wieder.
	Über Wasser tief einatmen und unter Wasser große Blasen blubbern.	„Wer produziert die tiefsten Löcher?"	
	Auf den Beckenboden sitzen und große Blasen blubbern.	„Wer produziert die größten Blasen?"	
	Tischtennisbälle, die an der Wasseroberfläche schwimmen, möglichst kräftig anblasen.	„Wer bleibt am längsten unter der Wasseroberfläche?"	

Zeit-schiene	Inhalte und Methoden	Instruktionen	Organisation, materiale und personale Hilfen
	SchSch hüpfen im Wasser und ins Wasser SchSch springen im Wasser möglichst hoch und landen dann möglichst tief >5x. Vom Rand aus Sitz- oder Hockposition ins Wasser hüpfen und möglichst mit dem Kinn die Wasseroberfläche berühren oder mit dem Kopf unter der Wasseroberfläche landen.		SchL im Wasser, SchSch hüpfen auf Kommando nacheinander ins Wasser. SchSch warten hinter einer Markierung und springen nur auf Anweisung des SchLs.

Ausklang			
… …	**Pendelstaffel im bauch- bis brusttiefen Wasser** Tischtennisbälle treiben (anpusten oder mit dem Bauch schieben) oder Schwimmbretter an der Wasseroberfläche schieben.		Streckenintervall der Pendelstaffel: max. 5 m.

Unterrichtsentwurf Nr. 4: Die SchSch lernen die Bewegungssituation Wasser in horizontaler Position zu bewältigen

Klasse: ______ Datum: __________ Inhaltliche Teilkompetenz III (Tab. 3), Anzahl der empfohlenen Unterrichtsstunden: 2 bis 3

Benötigte Materialien: Poolnoodle und weitere Materialien

Zeit-schiene	Inhalte und Methoden	Instruktionen	Organisation, materiale und personale Hilfen
Einstieg			
… …	**SchSch joggen in bauch- bis brusttiefen Wasser**		
	SchSch joggen kreuz und quer im bauch- bis brusttiefen Wasser und drücken immer wieder Materialien, die im Bewegungsraum verteilt sind, möglichst tief unter die Wasseroberfläche.	„Drückt möglichst viele Materialien möglichst weit unter die Wasseroberfläche."	SchSch bewegen sich kreuz und quer im vorgegebenen Beckenbereich.
	SchSch rutschen auf nassen Matten zum SchL ins Wasser.		

	SchSch joggen im bauch- bis brusttiefen Wasser im Kreis und wechseln immer wieder die Richtung.		Kreisformation (nach 3 Runden auf Kommando Richtung wechseln).

Zeitschiene	Inhalte und Methoden	Instruktionen	Organisation, materiale und personale Hilfen
	Hauptteil		
… …	**SchSch „blubbern" an und unter der Wasseroberfläche**		
	Whirlpool: SchSch blubbern mit Mund und Nase an und dann unter der Wasseroberfläche.	„Versucht, möglichst große Löcher in die Wasseroberfläche zu blasen." „Versucht, unter Wasser möglichst viel Wasser wegzublasen."	SchSch halten sich an den Händen und blubbern in Kreisformation, ein SchSch steht in der Mitte des Whirlpools und bestimmt, wie stark der Whirlpool sprudeln soll.

Zeit-schiene	Inhalte und Methoden	Instruktionen	Organisation, materiale und personale Hilfen
... ...	**SchSch tauchen**		
	SchSch erkunden die Unterwasserwelt: SchSch halten einen Ring als Taucherbrille vor das Gesicht und benennen Gegenstände, die ein Mitschüler unter Wasser positioniert.	„Tief einatmen und dann auf den Beckenboden hocken.“ „Wer kann den Boden sehen?“ „Wer kann seine Füße sehen?“ „Welche Gegenstände habt ihr erkannt?“	Partner üben im vorgesehenen Bewegungsraum.
	SchSch schweben in Rückenlage und Bauchlage		
	SchSch imitieren einen Seestern, d. h. in Bauch- und Rückenlage schweben und Arme und Beine zur Seite ausstrecken, mit und dann ohne personale Hilfe.  	Rückenlage: „Hinterkopf ins Wasser eintauchen, an die Decke schauen und Bauch an die Wasseroberfläche drücken.“ Bauchlage: „Gesicht ins Wasser tauchen und große Blasen blubbern.“	Hilfestellung bei Rückenlage: Hand des SchL oder Mitschülers unter dem Hinterkopf und mit dem Zeigefinger der anderen Hand den Rücken des SchSch stützen (Sitzhaltung vermeiden).  

Zeit-schiene	Inhalte und Methoden	Instruktionen	Organisation, materiale und personale Hilfen
	SchSch gleiten in Bauchlage Mit der Poolnoodle um den Rücken und später in den Händen (Arme zuerst angewinkelt und dann gestreckt) immer wieder vom Boden abstoßen und immer länger in Bauchlage gleiten, bis die SchSch die andere Seite des Beckens erreichen (Gesicht immer wieder und immer länger eintauchen).	„Versucht, mit gestreckten Beinen möglichst lange auf dem Bauch zu liegen, ohne den Boden zu berühren, und versucht gleichzeitig ins Wasser zu blubbern."	Mit einer Poolnoodle pro SchSch paarweise auf der Querbahn oder kreuz und quer im Flachwasserbereich.

Mit und ohne einem kleinen Schwimmbrett zwischen der Armen (Gesicht möglichst lange eingetaucht) schweben und dann gleiten.

Zeit-schiene	Inhalte und Methoden	Instruktionen	Organisation, materiale und personale Hilfen
	Gleiten in Bauch- und Rückenlage und mit den Beinen „strampeln“ SchSch imitieren einen Pfeil. 		
	SchSch imitieren eine Rakete mit (Gleiten + Taucherbeine [= Kraulbeinschlag]). 	Metapher: „Rakete mit Taucherbeinen“. „Stellt euch einen Taucher mit Flossen vor.“	SchL oder Mitschüler demonstriert Rakete mit langer Gleitphase + Tauchbeine

Zeit-schiene	Inhalte und Methoden	Instruktionen	Organisation, materiale und personale Hilfen
	SchSch üben und SchL korrigiert Kraul- und Rückenbeinschlag		
	SchSch probieren und üben zunächst in Liegestützposition vorlings und rücklings auf einer Treppe oder an der Beckenwand die Taucherbeine oder an einer Poolnoodle, die ein Partner hält.	An der Beckenwand (hier Bauchlage): „Eine Hand auf den Rand legen und mit der anderen an der Beckenwand abstützen.“ An der Beckenwand (hier Rückenlage): „Kopf auf den Beckenrand legen.“ „Radfahrer-Beine“ korrigieren: „Beine wie ein Besenstiel.“ „Partner schleppt den übenden SchSch.“	SchL oder Mitschüler demonstriert immer wieder die korrekten Beinschläge.
	SchSch probieren und üben in Bauchlage mit Brett oder Poolstick in Vorhalte.		
	SchSch probieren in Rückenlage (mit Brett über Knien/Bauch) mit und ohne personale Hilfe zu schwimmen.	„Zur Decke blicken.“	
		„Radfahrer-Beine“ korrigieren: „Beine wie ein Besenstiel.“	SchL/Mitschüler unterstützt mit einer Hand den Hinterkopf und geht langsam rückwärts.
	SchSch probieren und üben in der Vertikalen an der Wand (Seitposition), ein Arm liegt auf dem Beckenrand.	„Radfahrer-Beine“ korrigieren: „Beine wie ein Besenstiel.“	

Zeit-schiene	Inhalte und Methoden	Instruktionen	Organisation, materiale und personale Hilfen
	SchSch springen ins bauch- bis brusttiefe Wasser		
	Fußsprung vom Beckenrand ins bauch- bis brusttiefe Wasser (zunächst aus einer Sitz-, dann aus einer Hockposition, dann aus dem Stand mit gebeugten Kniegelenken) mit und ohne personale Hilfe 	Hockposition: „Krallt die Zehen um den Beckenrand“ (= Affenfüße) – Rutschgefahr, d. h., immer vor dem Sprung anweisen! 	SchSch stehen in Reihe hinter einer Poolnoodle, die 1 m vom Beckenrand entfernt liegt (erst über die Poolnoodle treten, wenn Aufforderung durch SchL erfolgt). Extraaufgaben anbieten, die die SchSch alleine bewältigen können. Die Aufgaben verkürzen die Wartezeit zwischen den Sprüngen (Beispiel: Nach dem Sprung mit Froschhüpfer im Flachwasser zur Leiter/Treppe). SchL demonstriert. 
Ausklang			
… …	**SchSch spielen und probieren**		
	Weißer Hai? (Kap. III-7)		

Unterrichtsentwurf Nr. 5: Die SchSch lernen die Bewegungssituation Wasser in horizontaler Position zu bewältigen

Klasse: ______ Datum: __________ Inhaltliche Teilkompetenz III (Tab. 3), Anzahl der empfohlenen Unterrichtsstunden: 1–2

Benötigte Materialien: Poolnoodles

Zeit-schiene	Inhalte und Methoden	Instruktionen	Organisation, materiale und personale Hilfen
	Einstieg		
… …	SchSch spielen und probieren		
	Fische fangen (Kap. III-7)		Spiel bereits vor dem Duschen organisieren.
	Hauptteil		
… …	SchSch schweben im stehtiefen Wasser		
	Seestern (im Wechsel mit und ohne Lehrerhilfe probieren) in Bauchlage (Gesicht immer wieder im Wasser) und in Rückenlage.	„Streckt in Bauch- oder Rückenlage die Arme zur Seite und grätscht die Beine“ „In Bauchlage große Blasen ins Wasser blubbern“ „In Rückenlage Hinterkopf ins Wasser legen, zur Decke blicken und Bauch zur Decke drücken“	Es sollte erst die regelmäßige Einatmung im Wasser und Ausatmung ins Wasser beherrscht werden, bevor die horizontale Körperlage geübt wird: Gesicht bleibt beim Schweben immer möglichst lange im Wasser. SchL oder Mitschüler unterstützen, wenn notwendig, die übenden SchSch.

Zeit-schiene	Inhalte und Methoden	Instruktionen	Organisation, materiale und personale Hilfen
	SchSch gleiten in Bauchlage (= Rakete)		
	Hechtschießen (= Rakete A), d. h., mit einem Bein auf dem Beckenboden stehen und sich mit dem anderen Bein von der Wand abstoßen, und „Delfinschießen“, (= „Rakete B“) d. h. sich mit beiden Beinen vom Beckenboden abstoßen.	„Bei der Rakete Arme in Vorhalte, Gesicht ins Wasser und große Blasen blubbern“	SchSch stoßen sich gemeinsam oder nacheinander ab. SchL läuft rückwärts direkt vor dem SchSch, d. h., SchL erzeugt den Sog und SchSch gleitet im Sog.  

Zeit-schiene	Inhalte und Methoden	Instruktionen	Organisation, materiale und personale Hilfen
	SchSch springen ins Wasser Ins brust- bis schultertiefe Wasser springen oder im Profibecken (= Tiefwasserbereich) zum SchL springen und eine kurze Strecke am Arm des SchL mit Taucherbeinen schwimmen. SchL schleppt die SchSch am Arm ins bauchtiefe Wasser oder die SchSch reiten auf einer Poolnoodle ins bauch- bis brusttiefe Wasser. 	Begriff Profibecken verwenden, da mit dem Ausdruck „tiefes Wasser" einige SchSch Gefahr assoziieren. „Auf dem Pferd (= Poolnoodle) reiten." 	Vor jedem Sprung: SchSch stehen hinter einer Poolnoodle (erst über die Poolnoodle treten, wenn SchSch vom SchL aufgefordert werden). SchSch springt ins Profibecken (= Tiefwasser) zu dem ausgestreckten Arm des SchL. SchL hat die SchSch immer im Blick!
Ausklang			
... ...	**SchSch spielen und probieren** Wochentagspiel (Kap. III-7)		

Unterrichtsentwurf Nr. 6: Die SchSch lernen die Bewegungssituation Wasser in horizontaler Position zu bewältigen

Klasse: ______ Datum: __________ Inhaltliche Teilkompetenz III (Tab. 3), Anzahl der empfohlenen Unterrichtsstunden: 1

Benötigte Materialien: Poolnoodle, Poolstick

Zeit-schiene	Inhalte und Methoden	Instruktionen	Organisation, materiale und personale Hilfen
	Einstieg		
... ...	**SchSch spielen und probieren**		
	Riesenwelle, Seeungeheuer oder Hai (Kap. III-7).		Spiel bereits vor dem Duschen organisieren.
	Hauptteil		
... ...	**SchSch gleiten in Bauchlage und Rückenlage**		
	SchSch werden in Bauchlage oder Rückenlage durch die von den anderen SchSch gebildete Gasse geschoben (Arme in Vorhalte und Gesicht bei Bauchlage immer wieder im Wasser).	„Wir verschieben Baumstämme“	SchSch bilden eine Gasse: Der SchSch, der geschoben wurde, joggt nach dem Gleiten wieder zu wartenden Mitschülern.
... ...	**SchSch gleiten in Bauchlage und Rückenlage**		
	Hinweg, d. h. von der Wand weg: In Rückenlage gleiten und mit den Beinen „strampeln“, Schwimmbrett in Brust-/Bauchhöhe.	Anfängerrakete mit Antrieb durch die Taucherbeine: Motor der Rakete macht laute Blubbergeräusche.	SchSch starten, z. B. in 3er-Gruppen.

Zeit-schiene	Inhalte und Methoden	Instruktionen	Organisation, materiale und personale Hilfen
	Rückweg, d. h. zur Wand hin: SchSch gleiten nach einem flachen Delfinsprung und strampeln mit den Beinen in Bauchlage (mit und ohne Shwimmbrett), Gesicht bleibt möglichst lange im Wasser und SchSch blubbern.		

Ausklang			
… …	**SchSch spielen und probieren** Balancespiel (Kap. III-7).		

Unterrichtsentwurf Nr. 7: Die SchSch lernen die Bewegungssituation Wasser in horizontaler Position zu bewältigen

Klasse: ______ Datum: ____________ Inhaltliche Teilkompetenz III (Tab. 3), Anzahl der empfohlenen Unterrichtsstunden: 1–2

Benötigte Materialien: kleine Schwimmbretter und Ringe

Zeit-schiene	Inhalte und Methoden	Instruktionen	Organisation, materiale und personale Hilfen
	Einstieg		
… …	**SchSch spielen und probieren**		
	ADAC-Spiel (Kap. III-7).		Spiel bereits vor dem Duschen organisieren.
… …	**SchSch in der Waschstraße (= Schülergasse)**		
	Die SchSch imitieren Autos und informieren die Mitschüler, die die Gasse bilden: Cabrio, Geländewagen oder LKW – die Autos fahren dann nacheinander durch die Waschstraße. Die Art des Autos bestimmt die Intensität der Wäsche (Cabrio: ganz vorsichtig bespritzen, Geländewagen: ordentlich bespritzen, LKW: so stark wie möglich nass spritzen).	„Rennt möglichst schnell durch die Gasse!“ und „Rennt möglichst langsam durch die Gasse!“	SchSch bilden eine Gasse, bei größeren Gruppen können die SchSch auch paarweise durch die Waschstraße.

Zeitschiene	Inhalte und Methoden	Instruktionen	Organisation, materiale und personale Hilfen
	Hauptteil		
... ...	**SchSch treiben sich in Bauchlage an** Rakete (= Hechtschießen mit und ohne Schwimmbrett) mit Kraulbeinschlag (= Taucherbeine):  Hechtschießen: Ein Fuß an die Wand, der andere Fuß bleibt am Beckenboden und vor dem Abstoß abtauchen. Rückweg zur Wand: Mit Brett zwischen den Armen oder ohne Brett mit gestreckten Armen, flache Delfinsprüngen ausführen.	Taucherbeine als Raketenantrieb und beim Gleiten die Ohren mit den gestreckten Armen einklemmen, Gesicht ins Wasser tauchen und bis fünf zählen. „Welches Boot schwimmt am weitesten?“	Nur kleine Schwimmbretter verwenden. SchL oder Mitschüler demonstriert die Delfinsprünge und das Hechtschießen.
... ...	**SchSch treiben sich in Rückenlage an** „Rakete“ in Rückenlage mit einem kleinen Schwimmbrett in Bauchhöhe und mit Rückenbeinschlag antreiben. 	„Teddybär auf dem Bauch festhalten.“ 	Nur kleine Schwimmbretter verwenden. SchL oder Mitschüler demonstriert. SchSch, die sich noch nicht trauen, werden vom SchL oder Mitschüler immer wieder kurze Strecken geschleppt.

Zeit-schiene	Inhalte und Methoden	Instruktionen	Organisation, materiale und personale Hilfen
	SchSch springen ins „Profibecken“ Vom Beckenrand zum SchL ins Profibecken springen und sich mit Taucherbeinen in Bauch- oder Rückenlage vom SchL abschleppen lassen. 	„Beim Sprung die Augen öffnen und den Arm des SchL fixieren.“	SchSch halten sich mit beiden Händen am Arm des Lehrers fest und werden abgeschleppt.  
	SchSch probieren Delfinsprünge Im Flachbereich einen Tauchring immer wieder nach vorne werfen und mit einem Delfinsprung nach dem Ring tauchen.	„Augen möglichst lange unter Wasser öffnen.“	
	Ausklang		
… …	**SchSch spielen und probieren** Waschstrasse (Kap. III-7).		

Unterrichtsentwurf Nr. 8 als Download unter www.sportfachbuch.de/m/161033

Unterrichtsentwurf Nr. 9: Die SchSch lernen die Bewegungssituation Wasser in horizontaler Position zu bewältigen

Klasse: ______ Datum: ____________ Inhaltliche Teilkompetenz II, III (Tab. 3), Anzahl der empfohlenen Unterrichtsstunden: 1

Benötigte Materialien: Pullbuoys

Zeit-schiene	Inhalte und Methoden	Instruktionen	Organisation, materiale und personale Hilfen
	Einstieg		
... ...	Hocksprünge vorwärts Mit möglichst wenigen Hocksprüngen eine Beckenbreite (z. B. 12,5 m) bewältigen: Der SchSch mit den wenigsten Sprüngen hat gewonnen.	„Die Anzahl der Sprünge von drei Versuchen addieren, zählt bitte laut.“	SchSch starten gleichzeitig oder nacheinander von einer Beckenseite.
... ...	SchSch spielen und probieren Fische fangen (Kap. III-7).		Spiel bereits vor dem Duschen erstmalig organisieren.
	Hauptteil		
... ...	SchSch üben die regelmäßige Ein- und Ausatmung Luftpumpe, d. h., zwei SchSch halten sich an den Händen und tauchen im Wechsel auf und ab. Über Wasser tief einatmen, unter Wasser aus Mund und Nase vollständig ausatmen. 	„Versucht, möglich große Blasen zu blubbern und möglichst lange auszuatmen.“	Partnerübung im bauch- bis brusttiefen Wasser.

Zeit-schiene	Inhalte und Methoden	Instruktionen	Organisation, materiale und personale Hilfen
… …	**SchSch probieren Delfinsprünge und atmen unter Wasser aus** Delfinsprung in einen Reifen, über eine Poolnoodle oder durch die gegrätschten Beine des Partners.	„Versucht, möglichst lange auszuatmen und große Luftblasen zu produzieren."	2, 3 dann 4 SchSch zusammen, auf der Querbahn.

Zwischen den gegrätschten Beinen des Partners durchtauchen und zurück über den ausgestreckten Arm des Partners springen.

Zeit-schiene	Inhalte und Methoden	Instruktionen	Organisation, materiale und personale Hilfen
	SchSch probieren in Rückenlage zu gleiten		
	Hinweg: Hechtschießen in Rückenlage (3 m bis 5 m mit Taucherbeinen, 5 Wiederholungen) und Rückweg zur Wand mit Delfinsprüngen. 	Hinweg: „Fliegendes Faultier: Absprung in die Rückenlage, Pullbuoy mit den Händen auf den Bauch drücken und zur Decke blicken.“ Rückweg: „Pullbuoy nach vorne legen und ein Delfinsprung ausführen und unter dem Pullbuoy durchtauchen.“	2, 3 dann 4 SchSch zusammen, auf der Querbahn.
	SchSch springen ins Profibecken		
	Vom Rand aus einer Hockposition ins „Profibecken“ springen und zum ausgestreckten Arm des SchL schwimmen	„Blickt beim Sprung zum Arm des SchL.“	SchL wählt verschiedene Entfernungen vom Beckenrand aus. SchSch halten sich nach dem Sprung mit beiden Händen am Arm des SchL fest. SchL schwimmt mit SchSch in Rückenlage zum Rand. 
	Ausklang		
… …	**SchSch spielen und probieren**		
	Ringe sammeln (Kap. III-7).		

Unterrichtsentwurf Nr. 10: Die SchSch lernen die Bewegungssituation Wasser in horizontaler Position zu bewältigen

Klasse: ______ Datum: ________ Inhaltliche Teilkompetenz III (Tab. 3), Anzahl der empfohlenen Unterrichtsstunden: 1

Benötigte Materialien: Ringe, viele verschiedene Materialien

Zeit-schiene	Inhalte und Methoden	Instruktionen	Organisation, materiale und personale Hilfen
	Einstieg		
… …	Spiel: Seite freihalten Jede Gruppe wirft während der Spielzeit (5 min) möglichst viele Materialien aus ihrer Spielhälfte in die gegnerische Spielhälfte.	„Keine Schwimmbretter werfen!" „Die Mannschaft, die nach 5 min die wenigsten Materialien in ihrer Spielhälfte hat, hat gewonnen."	Vor dem Duschen werden die SchSch in zwei Gruppen eingeteilt und jeder Gruppe wird eine Spielfeldhälfte zugeteilt. In jeder Spielfeldhälfte schwimmen gleich viele Materialien.
… …	SchSch spielen und probieren Feuer, Wasser, Luft und Blitz (Kap. III-7).		
	Hauptteil		
… …	SchSch perfektionieren die Ausatmung unter Wasser Möglichst lange und mit möglichst vielen Wiederholungen unter Wasser blubbern (5 Wiederholungen). 	„Wer kann sich auf den Beckenboden hocken und große Blasen blubbern?" „Wer kann sich mit dem Bauch auf den Boden legen und dabei blubbern?" „Wer kann unter Wasser ganz laut brüllen?" „Wer kann in Hockschwebe Blasen blubbern und absinken?"	Die SchSch sind paarweise im Flachbereich verteilt und joggen zwischen den Versuchen kreuz und quer durch das Becken

Zeit-schiene	Inhalte und Methoden	Instruktionen	Organisation, materiale und personale Hilfen
… …	**SchSch springen ins Tiefwasser und schwimmen eine immer längere Strecke**		
	Im Tiefwasserbereich zum SchL springen, mit Taucherbeinen (in Bauch und Rückenlage im Wechsel: >5 m) zum SchL. SchL schleppt einen SchSch in den Flachwasserbereich, SchSch tauchen im Flachwasserbereich nach Ringen.	„Das U-Boot, das einen Ring ertaucht hat, darf anschließend wieder ins Pofibecken springen."	SchSch warten vor dem Sprung hinter einer Poolnoodle, die am Beckenrand liegt.
	SchSch probieren Hechtschießen unter der Wasseroberfläche		
	Mehrere U-Boot-Stationen (= senkrecht gestellte Reifen) mit unterschiedlichem Abstand zur Wand anbieten.	Zuerst abtauchen, dann von der Wand abstoßen, dann durch den/die Reifen (= „U-Boot-Stationen") gleiten."	Reifen werden vom SchL/Mitschüler gehalten.
	Ausklang		
… …	**SchSch spielen und probieren**		
	Kettenfangen (Kap. III-7).		

Unterrichtsentwurf Nr. 11: Die SchSch lernen schwimmen – mit Raddampfer, Hubschrauber, Ruderboot

Klasse: ______ Datum: ____________ Inhaltliche Teilkompetenz IV (Tab. 3), Anzahl der empfohlenen Unterrichtsstunden: 2–3

Benötigte Materialien: Musik

Zeit-schiene	Inhalte und Methoden	Instruktionen	Organisation, materiale und personale Hilfen
	Einstieg		
… …	SchSch spielen und probieren Riesenwelle, Seeungeheuer, Hai (Kap. III-7).		Spiel bereits vor dem Duschen erstmalig organisieren.
	Hauptteil		
… …	SchSch tauchen immer länger und mit Partner Auf den Boden setzen und unter Wasser einen Partner, später mehrere Partner, grüßen, und im Wechsel: „Hallo“ rufen, winken, große Blasen blubbern.	„Die Begrüßung soll bei jedem Versuch etwas länger dauern“	Partner nach jedem Versuch wechseln.
… …	SchSch probieren Pfeil – Seestern – Seeigel – Pfeil … im Wechsel Im Wechsel wird der Seestern in Bauchlage zu einem Seeigel (= Hockschwebe).	„Boden nicht berühren und 5-mal hintereinander wechseln.“	SchSch sind im Becken kreuz und quer verteilt.

Zeit-schiene	Inhalte und Methoden	Instruktionen	Organisation, materiale und personale Hilfen
	SchSch probieren Profirakete in Bauchlage		
	Hechtschießen in Bauchlage von der Wand. Rückweg: Delfinsprünge mit Taucherbeinen (5 Wiederholungen).	„Von der Wand kraftvoll abstoßen, Arme in Vorhalte (Hände übereinander gelegt, Gesicht ins Wasser).“	Von der Beckenwand im Flachwasserbereich in 2er-, 3er- oder 4er-Gruppen.
		„Bewältigt mit Taucherbeinen eine möglichst lange Strecke.“	Mit und ohne personale Hilfe im Sog.
		„Ausatmung ins Wasser.“	

Zeit-schiene	Inhalte und Methoden	Instruktionen	Organisation, materiale und personale Hilfen
	SchSch schwimmen in Bauchlage im Flach- und Tiefwasserbereich Schwimmen wie Fifi der Dackel: Raddampfer und Hubschrauber probieren.   	Raddampfer: „Nach dem „Hechtschießen“ von der Wand schaufeln linker und rechter Arm das Wasser abwechselnd von vorne nach hinten (Kraul-Unterwasserzug angedeutet) plus Taucherbeine.“ Hubschrauber: „Nach dem Hechtschießen von der Wand angedeuteter Brustarmzug plus Kraulbeinschlag.“	SchL oder Mitschüler demonstriert den Hubschrauber und Raddampfer mehrfach. Von der Wand nacheinander oder paarweise starten, zunächst im Flachwasser- später dann im Tiefwasserbereich. Im Flachwasserbereich Rückweg zur Wand mit Delfinsprüngen.

<table>
<tr><th>Zeit-
schiene</th><th>Inhalte und Methoden</th><th>Instruktionen</th><th>Organisation,
materiale und personale Hilfen</th></tr>
<tr><td></td><td>SchSch imitieren Fliegendes Faultier im Flachwasserbereich</td><td></td><td></td></tr>
<tr><td></td><td>Delfinschießen (mit beiden Beinen vom Beckenboden abstoßen) in Rückenlage.

Rückweg: SchSch joggen zur Beckenwand zurück.</td><td>„Vom Beckenboden kraftvoll abstoßen und mit den Händen neben den Hüften paddeln."
„Bewältigt mit Taucherbeinen eine möglichst lange Strecke."</td><td>Von der Beckenwand im Flachwasserbereich in 2er-, 3er- oder 4er-Gruppen-
SchL/Mitschlüler demonstriert Delfinschießen und die Paddelbewegung.</td></tr>
<tr><td></td><td>SchSch schwimmen in Rückenlage im Tiefwasserbereich</td><td></td><td></td></tr>
<tr><td></td><td>Ruderboot: Nach dem Hechtschießen in Rückenlage („sich ins Boot legen") paddeln die SchSch mit den Händen neben den Hüften, und treiben sich gleichzeitig mit „Taucherbeinen" an.</td><td>„Bewältigt mit Taucherbeinen eine möglichst lange Strecke."</td><td>SchL demonstriert das Ruderboot mehrfach.</td></tr>
<tr><td></td><td>SchSch springen und schwimmen mit Taucherbeinen</td><td></td><td></td></tr>
<tr><td></td><td>Vom Beckenrand mit einer Poolnoodle aus dem Sitz (aus der Hocke) ins Tiefwasser springen, ohne Unterstützung durch den SchL mit Taucherbeinen bis zum Flachbereich bzw. bis zum Beckenrand schwimmen.</td><td>Der zweite SchSch springt erst, wenn der erste SchSch den Flachwasserbereich erreicht hat.</td><td>SchL kontrolliert den/die SchSch, bis sie im Flachwasserbereich am Beckenrand oder an der Treppe gelandet sind.</td></tr>
<tr><td colspan="4">Ausklang</td></tr>
<tr><td>... ...</td><td>SchSch spielen und probieren
Ringe sammeln (Kap. III-7).</td><td></td><td></td></tr>
</table>

Unterrichtsentwurf Nr. 12 als Download unter www.sportfachbuch.de/m/161033

Unterrichtsentwurf Nr. 13: Die SchSch lernen schwimmen – mit Raddampfer, Hubschrauber, Ruderboot

Klasse: ______ Datum: ___________ Inhaltliche Teilkompetenz IV (Tab. 3), Anzahl der empfohlenen Unterrichtsstunden: 1

Benötigte Materialien: Ringe oder Bälle, kleine Schwimmbretter

Zeit-schiene	Inhalte und Methoden	Instruktionen	Organisation, materiale und personale Hilfen
	Einstieg		
… …	**SchSch spielen und probieren** Pferdeklau (Kap. III-7).		Spiel bereits vor dem Duschen erklären und organisieren.
	Hauptteil		
… …	**Tauchertreff: SchSch treffen sich unter Wasser** SchSch tauchen aufeinander zu und klatschen sich zur Begrüßung ab oder zeigen sich verschiedenfarbige Tischtennisbälle oder Ringe, Partner benennt die Farbe des Gegenstandes.		Ringe oder Bälle, kleine Schwimmbretter. SchL kontrolliert vom Beckenrand.
… …	**SchSch schwimmen in Bauchlage eine immer längere Strecke** Hinweg: Hubschrauber und Raddampfer im Wechsel mit unregelmäßiger Ein- und Ausatmung >5 m schwimmen. Rückweg: Delfinsprünge vorwärts, rückwärts, seitlich im Wechsel.	„Handgelenke sind steif." „Armzüge betont langsam ausführen."	Start von der Beckenwand. SchL umschließt immer wieder das Handgelenk des SchSch, um das „Versteifen" des Handgelenks zu verdeutlichen (taktile Hilfe).

Zeit-schiene	Inhalte und Methoden	Instruktionen	Organisation, materiale und personale Hilfen
	SchSch probieren etwas, zum Beispiel Bretterzirkus		
	SchSch balancieren das Gleichgewicht im Wasser aus.	„Wer kann auf einem Schwimmbrett sitzen?“ „Wer kann auf einem Schwimmbrett sitzen und sich mit Brustarmzügen vorwärts bewegen?“ „Wer kann mit zwei kleinen Brettern im bauchtiefen Wasser Skilanglaufen?“	Kreuz und quer im Flachwasserbereich. Kleine Schwimmbretter.
Ausklang			
… …	**SchSch spielen und probieren**		
	Chinesische Mauer (Kap. III-7).		

Unterrichtsentwurf Nr. 14 als Download unter www.sportfachbuch.de/m/161033

Unterrichtsentwurf Nr. 15: Die SchSch lernen schwimmen – mit Raddampfer, Hubschrauber, Ruderboot

Klasse: ______ Datum: ____________ Inhaltliche Teilkompetenz IV (Tab. 3), Anzahl der empfohlenen Unterrichtsstunden: 1–2

Benötigte Materialien: Bälle

Zeit-schiene	Inhalte und Methoden	Instruktionen	Organisation, materiale und personale Hilfen
	Einstieg		
… …	SchSch spielen und probieren Piratenball (Kap. III-7).		Spiel bereits vor dem Duschen erstmalig erklären und organisieren.
	Hauptteil		
… …	SchSch probieren: „Seestern verwandle dich“ SchSch wechseln mehrmals hintereinander vom Seestern (= in Bauch- oder Rückenlage, Arme abspreizen und Beine grätschen) in die Seeigelposition (= Hockschwebe), ohne den Boden zu berühren.	„Wer schafft es in Bauchlage?“ „Wer schafft es in Rückenlage?“ „Wer schafft es 3-mal hintereinander zu wechseln?“	SchSch sind kreuz und quer im Flachwasserbereich verteilt.

Zeit-schiene	Inhalte und Methoden	Instruktionen	Organisation, materiale und personale Hilfen
... ...	**SchSch probieren: Blubberfisch**		
	Im Flachwasserbereich immer wieder auf den Beckenboden hocken und durch Mund und Nase ausatmen: SchSch verbessern die regelmäßige Ein- und Ausatmung mit Hilfe von Rhythmusvorgaben.	Einatmung: bis 2 zählen Ausatmung: unter Wasser bis 4 zählen	Kreisformation oder kreuz und quer im Flachwasserbereich.
	SchSch schwimmen in Bauchlage und atmen regelmäßig ein und aus		
	Hubschrauber mit regelmäßiger Ein- und Ausatmung: Einatmung beim Kreisen der Arme, Ausatmung beim Strecken der Arme.	SchL informiert mit einer Metapher: Pizza (= Arme kreisen und einatmen) dann Schnitt (= Arme strecken und ausatmen).	Start vom Beckenrand in Wellen. Ein-/Ausatmung-Rhythmus immer wieder anweisen und demonstrieren.
	SchSch springen		
	SchSch springen wie Delfine aus der Hocke zuerst im Flachwasserbereich und dann vom Beckenrand (Kopfsprung aus dem Sitz, aus der Hocke, aus dem Stand).	„Springe wie ein Delfin aus der Hocke ins Wasser." „Kopf zwischen den Armen einklemmen."	SchSch warten hinter der Markierung (z. B. Poolnoodle) auf das Kommando des SchL. SchL legt eine Hand auf den Hinterkopf und die andere Hand auf den Rücken des SchSch.

Ausklang			
... ...	**SchSch spielen und probien**		
	Putzfisch (Kap. III-7).		

Unterrichtsentwurf Nr. 16: Die SchSch lernen schwimmen – mit Raddampfer, Hubschrauber, Ruderboot

Klasse: ______ Datum: ____________ Inhaltliche Teilkompetenz IV (Tab. 3), Anzahl der empfohlenen Unterrichtsstunden: 1

Benötigte Materialien: Poolstick oder Ring

Zeitschiene	Inhalte und Methoden	Instruktionen	Organisation, materiale und personale Hilfen
	Einstieg		
… …	**SchSch spielen und probieren**		
	Zauberfangen (Kap. III-7).		Spiel bereits vor dem Duschen erstmalig erklären und organisieren.
	Hauptteil		
… …	**SchSch probieren: „Seestern wechsle dich“**		
	SchSch wechseln vom Seestern in Bauchlage zum Seestern in Rückenlage.	„Wer kann 5-mal die Position wechseln?“	Kreuz und quer im Flachwasserbereich.
… …	**SchSch schwimmen und Gleiten in Bauchlage**		
	Mit Hubschrauber und Raddampfer (regelmäßige Ein- und Ausatmung) >10 m schwimmen.	„Gesicht bleibt beim Gleiten im Wasser!“	Querbahn
	Rückweg: Delfinsprünge mit möglichst langer Gleitphase.	„Zählt eure Sprünge. Wer braucht am wenigsten Sprünge zurück zur Wand?“	
	SchSch schwimmen in Rückenlage eine immer längere Strecke		
	Ruderboot mit kräftigen und schwachen Kicks im Wechsel.	„Kicke gegen einen Ball, der auf dem Wasser liegt.“	SchSch kickt immer wieder mit dem Fußrücken gegen die Hand des SchL (taktile Hilfe).
	Rückweg: Delfinsprünge mit Taucherbeinen.	„Kicke ganz laut (mit den Füßen Wasser in die Luft schaufeln) und dann ganz leise (unter der Wasseroberfläche).“	

Zeit-schiene	Inhalte und Methoden	Instruktionen	Organisation, materiale und personale Hilfen
	SchSch springen ins Tiefwasser und schwimmen zum Rand		
	Hocksprung oder Strecksprung ins Profibecken und dann eine kurze Strecke über Eck schwimmen.		SchL befindet sich in einer Ecke des Profibeckens. SchSch warten hinter einer Markierung) auf das Kommando des SchL.
	Ausklang		
… …	**SchSch spielen und probieren**		
	Transportstaffel (Kap. III-7).		

Unterrichtsentwurf Nr. 17 als Download unter www.sportfachbuch.de/m/161033

Unterrichtsentwurf Nr. 18: Die SchSch lernen schwimmen – mit Raddampfer, Hubschrauber, Ruderboot

Klasse: ______ Datum: ____________ Inhaltliche Teilkompetenz IV (Tab. 3), Anzahl der empfohlenen Unterrichtsstunden: 1

Benötigte Materialien: kleine Schwimmbretter, Reifen, Ringe, Matten

Zeit-schiene	Inhalte und Methoden	Instruktionen	Organisation, materiale und personale Hilfen
	Einstieg		
… …	SchSch spielen und probieren		
	Tischtennisbälle treiben (Kap. III-7).		Spiel bereits vor dem Duschen erklären und organisieren.
… …	Transportstaffel		
	SchSch transportieren einen Gegenstand (z. B. Ring) auf einem Brett mit „Taucherbeinen" zur Gegenseite. Dort wird das Brett übergeben, ohne dass der Gegenstand herunterfällt; gewonnen hat die Mannschaft, die sich zuerst wieder in ihrer Ausgangsaufstellung befindet.		Pendelstaffel
	Hauptteil		
… …	Ampelschwimmen im Flachwasserbereich		
	SchSch gleiten erst, dann schwimmen sie mit Raddampfer oder Hubschrauber und versuchen, die verschiedenfarbigen Ringe (rot, gelb, grün) zu erreichen, die auf dem Boden liegen.		Start von der Beckenwand. Ringe auf dem Beckenboden in verschiedenen Abständen von der Beckenwand (rot ca. 3 m, gelb ca. 6 m, grün ca. 10 m) positionieren.

Zeit-schiene	Inhalte und Methoden	Instruktionen	Organisation, materiale und personale Hilfen
... ...	**SchSch tauchen eine Strecke** SchSch stoßen sich unter Wasser von der Wand der Breitseite ab, gleiten durch einen Reifen und schwimmen noch eine kurze Distanz unter Wasser.  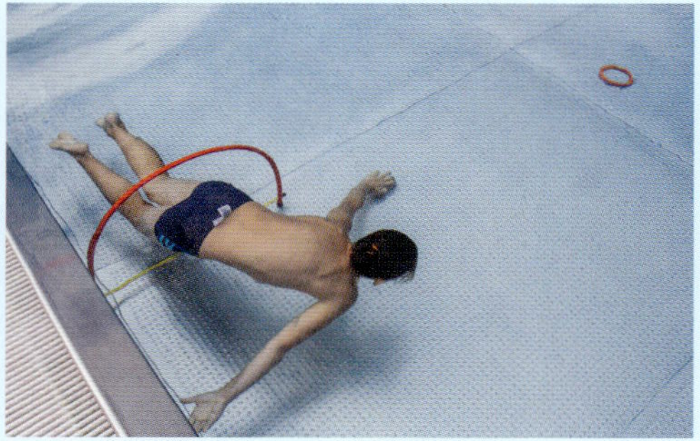		SchL kontrolliert. 
	SchSch lernen den Kopfsprung Kopfsprung aus dem Sitz, der Hocke, aus dem Stand (zwei mögliche personale Hilfen, s. Abb. unten).  	„Kopf zwischen den Armen einklemmen." „Kinn auf die Brust." „Füße anschauen."	Wassertiefe 1,80 m! SchL drückt den Kopf des SchSchs zwischen die Arme des SchSchs und unterstützt taktil bis zum Absprung. SchSch warten hinter der Markierung (z. B. Poolnoodle) auf das Kommando des SchL.

Zeit-schiene	Inhalte und Methoden	Instruktionen	Organisation, materiale und personale Hilfen
	Ausklang		
… …	**SchSch spielen und probieren** Motorbootrennen (Kap. III-7). **SchSch probieren über die Wackelbrücke zu laufen** SchSch laufen über eine Matte oder mehrere Matten, die von SchSch fixiert werden, und springen dann ins Flachwasser.		SchSch sitzen in Reihe am Beckenrand. Nach Aufforderung des SchL laufen die SchSch einzeln über die Matte. Der SchL fixiert die Matte.

Unterrichtsentwurf Nr. 19 als Download unter www.sportfachbuch.de/m/161033

Unterrichtsentwurf Nr. 20: Die SchSch lernen eine oder mehrere Schwimmarten

Klasse: ______ Datum: ________ Inhaltliche Teilkompetenz V (Tab. 3), Anzahl der empfohlenen Unterrichtsstunden: 2

Benötigte Materialien: Pullbuoys, Flossen

Zeitschiene	Inhalte und Methoden	Instruktionen	Organisation, materiale und personale Hilfen
	Einstieg		
… …	**SchSch spielen und probieren** Kettenfangen im bauch- bis brusttiefen Wasser (Kap. III-7).		
	Hauptteil		
… …	**SchSch lernen Kraul einarmig und ohne regelmäßige Ein- und Ausatmung zu schwimmen** Der freie Arm liegt gestreckt in Vorhalte und greift einen Pullbuoy im Krokodilgriff, der aktive Arm zieht bis zum Oberschenkel, und wird anschließend über Wasser bis zur Ausgangsposition zurückgeführt. Die SchSch starten mit Hecht- bzw. Delfinschießen und schwimmen anschließend wie beschrieben Kraul einarmig ohne Atmung möglichst weit, Gesicht bleibt im Wasser.	Krokodilgriff: „Der Daumen bildet den Unterkiefer des Krokodils, die restlichen Finger den Oberkiefer. Das Brett, Poolstick oder Pullbuoy wird zwischen dem Ober- und Unterkiefer des Krokodils eingeklemmt."  „Beinschlag betonen!" „Den Arm über Wasser nach vorne führen und ins Wasser fallen lassen!"	Zunächst nur kurze Streckenintervalle wählen (5 m bis 8 m). Wiederholungen: 3 X linker Arm und rechter Arm im Wechsel. Auf der Querbahn schwimmen. Zunächst mit Pullbuoy, wenn möglich auch mit Flossen. SchL oder Mitschüler demonstriert.

Zeit-schiene	Inhalte und Methoden	Instruktionen	Organisation, materiale und personale Hilfen
	SchSch schwimmen Kraul ohne regelmäßige Ein- und Ausatmung (quasi ganzheitlicher Einstieg, d. h. Demonstration/Imitation)		
		„Ins Wasser ausatmen und große Blasen blubbern“: „Beinschlag betonen!“ „Armzüge ruhig ausführen!“	
	Die SchSch starten mit Hecht- bzw. Delfinschießen und schwimmen, nach Demonstration eine möglichst lange Strecke Kraul (zunächst etwa 6–8 m) ohne regelmäßige Ein- und Ausatmung. Anschließend schwimmen die SchSch, nach kurzer Pause, mit Ruderboot zurück.		
	SchSch lernen Rücken einarmig zu schwimmen		
	Hinweg: Die SchSch starten mit Hechtschießen (rückwärts) und schwimmen Rücken einarmig. Dabei paddelt der passive Arm neben dem Oberschenkel. Rückweg: Mit Delfinsprüngen zur Wand zurück.	„Beinschlag betonen!“ „Arme ziehen noch mehr oder weniger gestreckt im Wasser.“ „Arme ziehen in Zeitlupe, kräftiger Beinschlag.“ „Bauch an die Decke!“ „Hinterkopf ins Wasser!“	

Zeitschiene	Inhalte und Methoden	Instruktionen	Organisation, materiale und personale Hilfen
	SchSch schwimmen in Rückenlage (ganzheitlicher Einstieg, d. h. Demonstration/Imitation)  Die SchSch starten mit Hecht- bzw. Delfinschießen (rückwärts) und schwimmen Rücken mit mehr oder weniger gestreckten Armen (6–8 m).	„Bewegt die Arme langsam, wie eine Windmühle mit wenig Wind!“	
Ausklang			
… …	**SchSch spielen und probieren** Wilder Ozean (Kap. III-7).		

Unterrichtsentwurf Nr. 21: Die SchSch lernen eine oder mehrere Schwimmarten

Klasse: ______ Datum: __________ Inhaltliche Teilkompetenz V (Tab. 3), Anzahl der empfohlenen Unterrichtsstunden: 2

Benötigte Materialien: Pullbuoys, Flossen, Tauchgegenstände

Zeit-schiene	Inhalte und Methoden	Instruktionen	Organisation, materiale und personale Hilfen
	Einstieg		
… …	**SchSch spielen und probieren**		
	Tauchstaffel (Kap. III-7).		Bewegungsrichtung aller Gruppen identisch.
	Hauptteil		
… …	**SchSch lernen Ein- und Ausatmung mit Rotation um die Längsachse**		
	Kraulbeinschlag in Superman-Position: Rechter oder linker Arm liegt gestreckt in Vorhalte mit Pullbuoy im Krokodilgriff, linke bzw. rechte Hand liegt seitlich neben dem Oberschenkel. Zur Einatmung den Körper mit Kopf zur freien Seite (bei der die Hand am Oberschenkel liegt) drehen. Anschließend den Körper mit Kopf zurück in die Ausgangsposition drehen und ins Wasser ausatmen.	„Das rechte oder linke Ohr auf die rechte oder linke Schulter, wie auf ein Kissen, legen.“ „Bei der Drehung zur Einatmung nicht nur den Kopf, sondern den ganzen Körper bewegen.“	Belastung: 6x (5 m bis 7 m). Paarweise hintereinander starten. Demonstration im Wasser durch SchL oder SchSch. Zunächst mit Pullbuoy oder Flossen schwimmen.
	SchSch schwimmen Kraul einarmig mit mehr oder weniger regelmäßiger Ein- und Ausatmung		
	Der passive Arm liegt in Vorhalte (unterstützt durch einen Pullbuoy), die Hand des aktiven Armes liegt zu Beginn gestreckt am Oberschenkel (Superman-Position), dann den aktiven Arm „wie eine Windmühle“ bewegen, Rotation um die Längsachse, um die Einatmung zu erleichtern.	„Bei jedem 2. Armzug auf die Seite drehen und tief einatmen!“ „Mit offenem Mund ins Wasser ausatmen.“	Belastung: 6x (5 m bis 7 m). Paarweise hintereinander starten. Demonstration im Wasser durch SchL oder SchSch. Mit Pullbuoy und Flossen.

Zeitschiene	Inhalte und Methoden	Instruktionen	Organisation, materiale und personale Hilfen
	SchSch probieren: „Tauchspiel mit Delfinsprüngen“		
	Verschiedene Materialien, die auf dem Beckenboden liegen, müssen mit Hilfe eines Delfinsprungs nach oben geholt werden, Arme beim Delfinsprung in Vorhalte.	„Eure Fingerspitzen geben die Richtung vor, in die ihr taucht.“ „Wer fischt die meisten Materialien?“	Im Flachwasser muss die Bewegungsrichtung aller SchSch identisch sein.
	SchSch üben Rückenschwimmen		
	Die SchSch starten mit Hecht- bzw. Delfinschießen (rückwärts) und schwimmen Rücken mit mehr oder weniger gestreckten Armen.	„Bewegt die Arme langsam, wie eine Windmühle mit wenig Wind.“ „Betont den Beinschlag.“	Belastung: 6 x 10 m. In Reihe paarweise hintereinander.
	Ausklang		
… …	**SchSch spielen und probieren**		
	Wilder Ozean (Kap. III-7).		

Unterrichtsentwurf Nr. 22: Die SchSch lernen eine oder mehrere Schwimmarten

Klasse: ______ Datum: __________ Inhaltliche Teilkompetenz V (Tab. 3), Anzahl der empfohlenen Unterrichtsstunden: 2

Benötigte Materialien: Pullbuoys, Flossen, Poolnoodles

Zeit-schiene	Inhalte und Methoden	Instruktionen	Organisation, materiale und personale Hilfen
	Einstieg		
… …	SchSch probieren Kreuz und quer im Flachwasser joggen, mit einem Partner hochspringen, in die Hände klatschen und mit dem Partner auf den Beckenboden hocken und möglichst lange ausatmen.	Möglichst hochspringen und möglichst tief landen, auf den Beckenboden hocken und große Blasen blubbern. Partner kontrollieren die Größe der Luftblasen.	Kreuz und quer im Flachwasser.
	Hauptteil		
… …	SchSch imitieren Delfine Abstoß von der Wand und unter der Wasseroberfläche gleiten. Während der Gleitphase ausgeprägt mit dem Kopf nicken und 5 m mit grobkoordinierten Delfinbeinschlägen schwimmen. (Delfinbeinschläge werden von den SchSch zunächst grob angedeutet, ohne dass es ihnen immer bewusst ist). Anschließend mit Delfinsprüngen (Arme in Vorhalte) zur Wand zurück und die Übungsform wiederholen.	Abstoß von der Wand: „Mit dem Rücken an der Wand in die Hockposition abtauchen, mit den Händen vor dem Köper paddeln, beide Beine an die Wand und Abstoß." „Während der Gleitphase unter Wasser so oft wie möglich betont nicken." „Hüft- und Beingelenke bleiben locker." „Wie ein Delfin."	Belastung: 6 x (5 m bis 7 m) auf der Querbahn. Demonstration durch SchL oder Mitschüler.
	SchSch probieren Rücken einarmig mit regelmäßiger Ein- und Ausatmung Die SchSch starten mit Hechtschießen in Rückenlage von der Beckenwand. Die Hand des „freien" Armes liegt am Oberschenkel. Mit regelmäßiger Einatmung (bei linker oder rechter Rückholphase einatmen) und betonter Ausatmung.	Körperlage, Kopfposition und Armzug korrigieren: „Bauch an die Decke", „Hinterkopf ins Wasser legen und zur Decke blicken" „Armzüge nicht überhastet ausführen."	Belastung: 4 x (5 m bis 7 m). Auf der Querbahn im Flach- oder Tiefwasserbereich.

Zeit-schiene	Inhalte und Methoden	Instruktionen	Organisation, materiale und personale Hilfen
	SchSch probieren Kraul einarmig mit regelmäßiger Ein- und Ausatmung zu schwimmen		
	Mit Hechtschießen und Kraulbeinschlag starten: Der passive Arm liegt in Vorhalte (unterstützt durch einen Pullbuoy), die Hand des aktiven Armes liegt zu Beginn gestreckt am Oberschenkel („Superman-Position"), dann den aktiven Arm „wie eine Windmühle" bewegen. Rotation um die Längsachse zum passiven Arm, um die Einatmung zu erleichtern.	„Bei jedem Armzug auf die Seite drehen und tief einatmen und während der Rückrotation wieder durch den offenen Mund und die Nase ausatmen." „Beinschlag betonen." „Armbewegungen nicht überhastet ausführen!" „Zugbeginn verzögern!"	Auf der Querbahn, zunächst möglichst mit Flossen (Belastung: 4 x 8 m).
Ausklang			
… …	**SchSch probieren einen Kopfsprung ins Tiefwasser aus der Hocke über eine Poolnoodle**		
	Die Positionierung der Poolnoodle sollte an das jeweilige Niveau angepasst werden, zu beachten ist vor allem die korrekte Kopf- und Armhaltung.	„Die Fußzehen ‚umkrallen' den Beckenrand!" „Wie bei einem Delfinsprung ins Wasser eintauchen!" Kopfhaltung: „Kinn auf der Brust." Armhaltung: „Gestreckte Arme in Vorhalte und die Ohren einklemmen." „Die Fingerspitzen tauchen als erstes ins Wasser ein!"	Die für den Kopfsprung ausreichende Wassertiefe (>1,80 m) sicherstellen! SchL/Mitschüler unterstützen die Vorneigung des Kopfes.

Unterrichtsentwurf Nr. 23 als Download unter www.sportfachbuch.de/m/161033

Unterrichtsentwurf Nr. 24: Die SchSch lernen eine oder mehrere Schwimmarten

Klasse: ______ Datum: ____________ Inhaltliche Teilkompetenz V (Tab. 3), Anzahl der empfohlenen Unterrichtsstunden: 2

Benötigte Materialien: Poolnoodles, Pullbuoys, Tauchgegenstände

Zeitschiene	Inhalte und Methoden	Instruktionen	Organisation, materiale und personale Hilfen
Einstieg			
… …	SchSch probieren Delfin I: Delfinsprünge mit Kick: SchSch A springt mit einem Delfinsprung über Poolnoodle 1 und taucht zwischen Poolnoodle 2 und 3 (Arme bleiben immer in Vorhalte) wieder auf. Während des Eintauchens versucht er, mit dem Fußspann auf die erste Nudel zu kicken. Auftauchen unmittelbar vor Nudel 3 (Arme in Vorhalte).  Delfin II: Ein SchSch (Arme in Vorhalte, Gesicht im Wasser) wird von einem Partner geschleppt. Der Partner bewegt die Arme des Geschleppten abwärts/aufwärts/abwärts. Amplitude und Frequenz werden immer wieder variiert → langsamer und schneller Delfin.	„Mit beiden Beinen abspringen und wie ein Delfin eintauchen!" „Arme bei den Delfinsprüngen in Vorhalte!" „Beim Eintauchen Vorneigung des Kopfes." „Beim Auftauchen Rückneigung des Kopfes." Langsamer Delfin mit großer Amplitude und schneller Delfin mit kleiner Amplitude.	3 SchSch halten die Poolnoodles, nach einem Durchgang wird gewechselt.

Zeit-schiene	Inhalte und Methoden	Instruktionen	Organisation, materiale und personale Hilfen
	Hauptteil		
… …	**SchSch probieren Kraularmzug mit regelmäßiger Ein- und Ausatmung (2er-Zug) zu schwimmen** Die SchSch nehmen einen Pullbuoy zwischen die Knie und schwimmen nur mit Armzug und mit betonter Rotation um die Längsachse zum Zugarm. Nach jeder Bahn lassen sich die SchSch (ohne Pullbuoy) 3x bis 5x auf den Boden sinken und „produzieren große Luftblasen“.	„Zur Einatmung den Körper zur Einatmungsseite drehen.“ „Zunächst nur auf die regelmäßige Ein- und Ausatmung konzentrieren.“ „Nach dem Einatmen wieder in die Ausgangsposition zurückrollen und nicht auf der Seite liegenbleiben!“ „Tiefe Einatmung durch den Mund und betonte Ausatmung (durch Mund und Nase) ins Wasser!“	Belastung: 8x 12,5 m (Wechsel der Atemseite nach jeweils 12,5 m, Feedback nach 4 x 12,5 m). Nacheinander oder in Wellen auf der Querbahn.
	SchSch schwimmen Rückenbeinschlag und Rücken, Kraulbeinschlag und Kraul 12,5 m Rückenbeinschlag (Hände paddeln neben den Oberschenkeln) und dann 12,5 m Rücken, 12,5 m Kraulbeinschlag + Brustarmzug mit regelmäßiger Ein- und Ausatmung und dann 12,5 m Kraul im Wechsel.		Belastung: 4 x 25 m (nach jeweils 25 m eine ausreichende Pause). In Wellen auf der Querbahn.
	Ausklang		
… …	**SchSch spielen und probieren** Delfintauchen: Mit Delfinsprüngen starten und verschiedene Materialien sammeln, die auf dem Beckenboden liegen. Wer sammelt die meisten Materialien (Arme beim Delfinsprung in Vorhalte).		Möglichst viele verschiedene Tauchgegenstände deponieren.

Unterrichtsentwurf Nr. 25 als Download unter www.sportfachbuch.de/m/161033

Unterrichtsentwurf Nr. 26: Die SchSch lernen eine oder mehrere Schwimmarten

Klasse: ______ Datum: ____________ Inhaltliche Teilkompetenz V (Tab. 3), Anzahl der empfohlenen Unterrichtsstunden: ½

Benötigte Materialien: Poolnoodles

Zeit-schiene	Inhalte und Methoden	Instruktionen	Organisation, materiale und personale Hilfen
	Einstieg		
… …	Tauchstaffel SchSch werden in 2 Mannschaften aufgeteilt und tauchen gegeneinander: Am Boden liegen beispielsweise in 6 m, 9 m und 12 m Entfernung erst ein roter, dann ein gelber und zuletzt ein grüner Ring. Die ertauchten Ringe repräsentieren den Staffelstab.	„Kräftiger Abstoß von der Wand mit beiden Beinen, Arme in Vorhalte.“	
	Hauptteil		
… …	**SchSch koppeln Brustarmzug und Kraulbeinschlag und atmen ins Wasser aus** Im brusttiefen Wasser oder im Tiefwasser nach dem Hechtschießen gleiten, dann sich mit Kraulbeinschlag abtreiben und dann mit Kraulbeinschlag plus Brustarmzug („Hubschrauber-Arme“) eine immer längere Strecke schwimmen	„Große Kreise mit den Armen ins Wasser zeichnen.“ „Handgelenke versteifen.“ „Auf 1 tief einatmen und auf 2, 3, 4 ins Wasser ausatmen.“	Auf der Längsbahn eine immer längere Strecke schwimmen SchL demonstriert immer wieder die Armbewegung mit einer Rhythmusvorgabe: betonte Zugphase (Halbkreis vor den Schultern) und langsame Rückholphase (Streckung der Arme vor der Schulterachse).
	Ausklang		
… …	**SchSch spielen und probieren** Wagenrennen (Kap. III-7).		

Unterrichtsentwurf Nr. 27: Die SchSch lernen eine oder mehrere Schwimmarten

Klasse: ______ Datum: __________ Inhaltliche Teilkompetenz V (Tab. 3), Anzahl der empfohlenen Unterrichtsstunden: 2

Benötigte Materialien: Poolnoodles

Zeit-schiene	Inhalte und Methoden	Instruktionen	Organisation, materiale und personale Hilfen
	Einstieg		
... ...	SchSch probieren SchSch joggen im brusttiefen Wasser im Kreis und imitieren dabei Brustarmzugbewegung, auf Pfiff erfolgt schneller Richtungswechsel.	„Versucht nach dem Richtungswechsel, mit kräftigen Armzügen die Anströmung zu überwinden.“	Kreisformation
	Hauptteil		
... ...	SchL demonstriert Brustbeinschlag, die SchSch imitieren den Brustbeinschlag **Schritt 1:** SchSch malen im Sitz und an Land mit den Fersen Halbkreise auf den Hallenboden und beobachten die Bewegung der Fersen.	„Deine Beine starten in der **Storch**position gestreckt, dann beugst du die Kniegelenke und formst ein **Paket**, danach malst Du mit deinen Fersen auf dem Boden einen großen **Kreis** und drehst die Füße dabei nach außen (Füße wie ein **Pinguin** nach außen drehen) und führst die Beine wieder in die **Storch**position (Streckposition).“	SchL demonstriert, SchSch imitieren. SchSch beobachten in der Sitzposition die Bewegungen ihrer Beine.

Zeitschiene	Inhalte und Methoden	Instruktionen	Organisation, materiale und personale Hilfen
	Schritt 2: SchSch beugen in Bauchlage ihre Kniegelenke und malen mit den Fersen große Kreise in der Luft (SchL führt dabei immer wieder die Unterschenkel, indem er die Hände auf den Fußsohlen auflegt), Fußgelenke des SchSch sind dorsal flektiert, d. h., die Zehenspitzen zeigen zu den Kniegelenken.	„Langsam Kniegelenke beugen, dann mit den Fersen Kreise in die Luft zeichnen und dann die Kniegelenke betont strecken."	Taktile Hilfe des SchL.
	Schritt 3: SchSch sitzt weit vorne am Beckenrand und zeichnet mit den Fersen große Kreise ins Wasser (Kniegelenke erst beugen und dann Halbkreise ins Wasser malen).	„Langsam Kniegelenke beugen und dann die Kniegelenke betont strecken." „Zehenspitzen zu den Knien."	SchL kontrolliert und korrigiert.
	Schritt 4: SchSch hängen in der Vertikalen an der Beckenwand (Arme auf dem Rand), drücken den Bauch an die Wand und führen Kreisbewegungen mit den Fersen (mit und ohne Lehrerhilfe) aus.	„Storch (Pause) → Paket → Pinguin → Kreis → Storch (Pause) → …"	SchL gibt den SchSch immer wieder den Rhythmus vor (s. o.). Anmerkung: Der Brustbeinschlag sollte außerhalb des Wassers eingeführt und vom SchL demonstriert werden. SchL demonstriert mehrmals, SchSch imitieren. Nur knappe Bewegungsbeschreibungen liefern. Für die Bewegungsbeschreibungen können metaphorische Elemente (z. B. „Storch") verwendet werden.
	Schritt 5: SchSch stützen sich in Bauchlage am Beckenrand ab, SchL legt die Hände auf die Fußsohlen des SchSch, unterstützt dabei die Beinschlagbewegung, immer wieder, mehr oder weniger stark.	„Storch (Pause) → Paket → Pinguin → Kreis → Storch (Pause) → …"	

Zeitschiene	Inhalte und Methoden	Instruktionen	Organisation, materiale und personale Hilfen
	Schritt 6: SchSch führt den Brustbeinschlag in Rückenlage aus (Schwimmbrett ist über den Oberschenkel positioniert), SchL oder SchSch schleppen mit Kopfgriff und korrigieren immer wieder. 	„Storch (Pause) → Paket → Pinguin → Kreis → Storch (Pauset) → ..."	Paarweise auf der Querbahn.
	Schritt 7: SchSch probieren Brustbeinschlag in Bauchlage mit Schwimmbrett, ohne und später mit regelmäßiger Ein- und Ausatmung. Einatmung beim Beugen der Kniegelenke, Ausatmung während der Schlagphase	„Storch (Pause) → Paket → Pinguin → Kreis → Storch (Pause) → ..."	Paarweise auf der Querbahn
	Ausklang		
... ...	SchSch spielen und probieren Herr der Ringe (Kap. III-7).		

Anmerkung: Bis die Grobkoordination des Brustbeinschlages von den SchSch, ohne „Schere" bzw. ohne Delfinkick eines Beins oder beider Beine beherrscht wird, werden oft 6–10 Unterrichtseinheiten benötigt. Einige SchSch haben allerdings lange Zeit erhebliche Schwierigkeiten mit der Schere bzw. dem Delfinkick.

Unterrichtsentwurf Nr. 28: Die SchSch lernen eine oder mehrere Schwimmarten

Klasse: ______ Datum: ____________ Inhaltliche Teilkompetenz V B2 + V B3 (Tab. 3), Anzahl der empfohlenen Unterrichtsstunden: 3–4

Benötigte Materialien: Poolnoodles, Poolsticks, kleine Schwimmbretter

Zeit-schiene	Inhalte und Methoden	Instruktionen	Organisation, materiale und personale Hilfen
	Einstieg		
... ...	**SchSch spielen und probieren** Strandkorb (Kap. III-7).		
	Hauptteil		
... ...	**SchSch schwimmen Brustbeinschlag in Rücken- und Bauchlage mit und ohne Schwimmbrett** Hin zur Beckenmitte: Beinschlagbewegungen in Rückenlage (Brett wird dabei mit Krokodilgriff über den Oberschenkeln gehalten). Von der Beckenmitte zum Beckenrand: Beinschlagbewegung in Bauchlage (Brett wird dabei zwischen den gestreckten Armen gehalten). Wichtig: nach jedem Beinschlag gleiten und 1, 2, 3 zählen, dann folgt erst der nächster Beinschlag – zunächst nur 2 bis 3 Beinschläge ausführen.	Den Beinschlag immer wieder demonstrieren und nur knappe verbale Instruktionen geben.	SchSch schwimmen paarweise nebeneinander. Kleine Schwimmbretter verwenden. Sobald Fehler auftauchen, sollten dieselben nach jedem dritten Versuch korrigiert werden. Also: wiederholte Rückmeldung durch verbale Instruktionen und Demonstration. Belastung: ca. 4 x 12,5 m (halbe Längsbahnen oder ganze Querbahnen).
	Brustbeinschlag mit regelmäßiger Ein- und Ausatmung koppeln Brustbeinschlag in Bauchlage mit kleinem Schwimmbrett zwischen den gestreckten Armen. Während der Rückholphase einatmen und während der Schlagphase ausatmen.	Auf 1 einatmen und auf 1, 2, 3 ausatmen. SchL begleitet die Bewegung mit verbaler Untermalung: „l a n g s a m ... **schnell**." Verbale Instruktion: „Kniegelenke langsam beugen und dann schwungvoller Beinschlag."	SchSch schwimmen paarweise nebeneinander. Kleine Schwimmbretter verwenden. Intervallpausen einplanen. Belastung: ca. 4 x 12,5 m.

Zeit-schiene	Inhalte und Methoden	Instruktionen	Organisation, materiale und personale Hilfen
	SchSch tauchen mit Brustbeinschlägen		
	SchSch beginnt nach einem flachen Delfinsprung und einer Gleitphase mit den Beinschlägen und versucht, nach jedem Beinschlag zu gleiten (Arme bleiben dabei in Vorhalte).	„Nach jedem Beinschlag 1, 2, 3 zählen." „Wer kann 3 oder gar 4 Beinschläge hintereinander ausführen, ohne aufzutauchen?" „Während der Beinschläge (→ Schlagphase) ausatmen."	Paarweise auf der Querbahn im Flachwasser und dann im Tiefwasserbereich.
	SchSch koppeln Armzug mit Beinschlag und mit Ein-/Ausatmung		
	Fokus: Bewegungen nicht überhastet ausführen. Erstens: Kopplung Armzug und Beinschlag zunächst ohne regelmäßige Ein- und Ausatmung (Gesicht bleibt im Wasser) einführen: Armzug-Beinschlag-Armzug. Zweitens: Kopplung Ein-/Ausatmung mit Armzug und Beinschlag: Bei der Zugphase erfolgt die Einatmung und bei der Rückholphase der Arme die Ausatmung.	„Erst Armzug dann Beinschlag." „Anfersen beim Beinschlag erfolgt erst gegen Ende der Zugphase des Armzuges." „Armzug und Beinschlag nacheinander ausführen."	Paarweise auf der Querbahn im Flachwasser und dann im Tiefwasserbereich. Belastung: 6 x 12,5 m.
	Ausklang		
... ...	**Schsch spielen und probieren**		
	Zirkusfangen (Kap. III-7).		

III

Spiele im Wasser

7 Im Wasser spielen, etwas probieren und Bewegungsaufgaben lösen

Die SchL können, in Abhängigkeit von den Lernzielen, Spiele zum Einstieg, im Hauptteil oder zum Ausklang einplanen. Spiele zählen zu den bei den Schülern beliebtesten Inhalten im Sportunterricht der Schule. „Dass es sich dabei um einen wichtigen Bereich des Sportunterrichts handelt, dürfte wohl außerhalb jeder Diskussion stehen" (Roth, 2014, S. 7).

Anmerkung

Die Spiele sind jeweils in alphabetischer Reihenfolge gelistet. Sie lassen sich durch kleine Veränderungen an verschiedene Fertigkeitsniveaus anpassen.

7.1 Spiele für die Klassenstufen 1 und 2

Die nachfolgenden Spiele können mit den SchSch gespielt werden die die Teilkompetenz (en) I oder I und II oder I, II und III (Kap. I-2) beherrschen.

ADAC-Fangspiel	
Zielstellungen	SchSch sollen die Besonderheiten der Bewegungssituation Wasser spielerisch erfahren, soziale und kognitive Erfahrungen sammeln.
Beschreibung	Bei diesem Spiel sind alle Kinder Autos. Werden diese von einem Fänger gefangen, haben sie eine Panne, müssen stehen bleiben und laut „Panne, Panne, Panne ..." rufen. Die Kinder dürfen wieder mitspielen, wenn sie vom „gelben Engel" (Lehrer mit gelber Poolnoodle) in die Werkstatt (z. B. die Ecken im Flachbereich) abgeschleppt werden (Kind liegt auf dem Bauch und hält sich mit beiden Händen an der Poolnoodle fest, wenn möglich mit dem Gesicht im Wasser).
Varianten	Profi ADAC-Fangspiel: Abschleppen in Rückenlage oder Seitenlage

Anmerkungen	Das Abschleppen sollte zuerst vom SchL übernommen werden, da SchSch nicht schnell genug schleppen können. Die Fänger z. B. mit einem Ring in der Hand oder Schwimmflügel am Oberarm kennzeichnen.

Balancespiel	
Zielstellungen	SchSch sollen die Besonderheiten der Bewegungssituation Wasser spielerisch erfahren, soziale und kognitive Erfahrungen sammeln.
Beschreibung	SchSch joggen kreuz und quer im bauch- bis brusttiefen Wasser. Der SchL ruft eine Zahl und die SchSch bilden eine Gruppe mit der genannten Anzahl. Die Gruppe muss anschließend eine Aufgabe lösen, (z. B. auf einem Bein im brusttiefen Wasser balancieren.
Varianten	SchL kann 3 Zahlen nennen, erste Zahl bedeutet: Gruppengröße, zweite Zahl bedeutet: Anzahl der Arme der Teilnehmer der Gruppe in Hochhalte, dritte Zahl bedeutet: Anzahl der Knie der Teilnehmer der Gruppe, die die Wasseroberfläche durchbrechen.
Anmerkungen	Das Spiel fördert u. a. die Gleichgewichtsfähigkeit im Wasser..

Bäumchen wechsle dich	
Zielstellungen	SchSch sollen die Besonderheiten der Bewegungssituation Wasser spielerisch erfahren, soziale und kognitive Erfahrungen sammeln.
Beschreibung	Alle SchSch stehen, bis auf einen SchSch, im bauch- bis brusttiefen Wasser mit einem Fuß auf einem Tauchring. Der überzählige SchSch ist der Ausrufer und ruft laut „Tauchringe wechseln". Der SchSch, der keinen freien Tauchring mehr findet, ist der neue Ausrufer.
Varianten	Es ist mehr als ein SchSch überzählig und es können verschiedene Bewegungsaufgaben gestellt werden, z. B. auf beiden Beinen zum nächsten Tauchring hüpfen, auf einem Bein zum nächsten Tauchring hüpfen, in der Hocke zum nächsten Tauchring watscheln.
Anmerkungen	6 SchSch genügen, um die Spielidee umzusetzen. Die Tauchringe dürfen von den SchSch nicht verschoben werden!

Baumstämme transportieren	
Zielstellungen	SchSch sollen die Besonderheiten der Bewegungssituation Wasser spielerisch erfahren, soziale und kognitive Erfahrungen sammeln.
Beschreibung	Mitschüler schieben einen Mitschüler in Bauchlage durch die Schülergasse.
Varianten	In Rücken- und Seitenlage durch die Gasse schieben, der Baumstamm wird während des Transports von den Mitschülern um seine Längsachse gedreht. Der Abstand zwischen den Transporteuren wird immer größer.

Anmerkungen	Zwischen den Durchgängen joggen die SchSch immer wieder kreuz und quer, denn frierende SchSch können für die Sportart Schwimmen nicht begeistert werden.

Chinesische Mauer	
Zielstellungen	SchSch sollen die Besonderheiten der Bewegungssituation Wasser spielerisch erfahren, soziale und kognitive Erfahrungen sammeln.
Beschreibung	Ein SchSch befindet sich in der Mitte des Spielfelds und bildet die Chinesische Mauer. Er darf sich nur entlang einer Linie nach links und rechts bewegen, nicht nach vorne oder nach hinten. Die anderen SchSch versuchen, an ihm vorbei zu kommen, ohne gefangen zu werden. Wird man gefangen, wird man selbst Teil der Chinesischen Mauer.
Varianten	Die SchSch in der Chinesischen Mauer müssen sich an den Händen halten. Das Spiel kann mit geübten Schwimmern auch im tiefen Wasser durchgeführt werden, mit tiefem Tauchen.

Feuer, Wasser, Luft und Blitz	
Zielstellungen	SchSch sollen die Besonderheiten der Bewegungssituation Wasser spielerisch erfahren, soziale und kognitive Erfahrungen sammeln.
Beschreibung	SchSch joggen kreuz und quer im bauch- bis brusttiefen Wasser, der SchL ruft: Feuer, Wasser, Luft oder Blitz! Zwischen den Anweisungen joggen die SchSch kreuz und quer. Feuer: Die SchSch joggen zum Beckenrand und strampeln in horizontaler Position, um das Feuer zu löschen. Wasser: Die SchSch waschen sich das Gesicht oder tauchen unter die Wasseroberfläche. Blitz: Die SchSch verlassen möglichst schnell das Wasser über den Beckenrand. Luft: Die SchSch imitieren einen starken Wind und pusten große Blasen ins Wasser.

Fische fangen	
Zielstellungen	SchSch sollen die Besonderheiten der Bewegungssituation Wasser spielerisch erfahren, soziale und kognitive Erfahrungen sammeln.
Beschreibung	Bei diesem Spiel gibt es Fischer (Fänger) und Fische (die restlichen SchSch). Die Fischer haben Reifen oder Noodles als „Netze" und versuchen, die Fische zu fangen, indem sie den Reifen oder die Noodles über den Fisch legen. Die Fische entfliehen, indem sie aus dem Reifen heraus tauchen.
Varianten	Delfinsprung aus dem Reifen heraus.

Fischfänger	
Zielstellungen	SchSch sollen die Besonderheiten der Bewegungssituation Wasser spielerisch erfahren, soziale und kognitive Erfahrungen sammeln.
Beschreibung	Alle Kinder bilden einen Fischschwarm. Aus diesem wird der sog. „Fangfisch“ bestimmt. Ein SchSch ist der Hai, der versucht, den „Fangfisch“ zu fangen. Der Fischschwarm versucht, den „Fangfisch“ zu beschützen.

Hab dich, heb auf	
Zielstellungen	SchSch sollen die Besonderheiten der Bewegungssituation Wasser spielerisch erfahren, soziale und kognitive Erfahrungen sammeln.
Beschreibung	Fangspiel mit Ringen. Die Fänger haben je einen Ring in der Hand. Wenn sie jemanden fangen, lassen sie den Ring auf den Boden fallen. Der Gefangene muss den Ring vom Boden holen und ist neuer Fänger.
Varianten	Die Fänger haben mehrere Ringe.

Habicht-Henne-Küken	
Zielstellungen	SchSch sollen die Besonderheiten der Bewegungssituation Wasser spielerisch erfahren, soziale und kognitive Erfahrungen sammeln.
Beschreibung	Alle SchSch stehen in einer Reihe mit den Händen an den Schultern des „Vordermanns“. Das erste Kind der Reihe ist die Henne, die anderen dahinter die Küken. Ein Kind ist der Habicht und ist nicht in der Reihe. Der Habicht versucht, das letzte Küken zu fangen. Die Henne versucht, das letzte Küken vom Habicht abzuschotten. Wird das letzte Küken gefangen, wird der Habicht zur Henne und das Küken zum Habicht.

Haie gegen Delfine	
Zielstellungen	SchSch sollen die Besonderheiten der Bewegungssituation Wasser spielerisch erfahren, soziale und kognitive Erfahrungen sammeln.
Beschreibung	Die Spieler werden in zwei gleich große Gruppen aufgeteilt – eine Gruppe „Delfine“ und eine Gruppe „Haie“. Beide Gruppen positionieren sich in der Mitte des Beckens. Alle Mitspieler einer Mannschaft stehen nebeneinander und jeweils einem Mitspieler der gegnerischen Mannschaft gegenüber (Abstand ca. 1 m).
	Der SchL erzählt eine Geschichte und baut die Wörter Delfine und Haie ein. Immer, wenn das Wort Delfine fällt, müssen die Delfine die Haie fangen und umgekehrt. Dabei laufen beide Mannschaften zu einem vorher bestimmten Beckenrand. Wer den Beckenrand erreicht hat, darf nicht mehr gefangen werden. Beide Mannschaften dürfen sich nur in Blickrichtung der Fänger bewegen.

	Alle Spieler, die gefangen wurden, wechseln die Mannschaft. Wenn z. B. ein Mitspieler der Haie von einem Mitspieler der Delfine gefangen wurde, gehört dieser ab sofort der Delfin-Mannschaft an. Wenn alle Spieler den Spielfeldrand erreicht haben, stellen sie sich wieder in der Mitte auf und das Spiel beginnt von vorn. Die Mannschaft, die dann am Ende die meisten Mitspieler hat, gewinnt.
Varianten	Die SchSch stehen mit dem Rücken zueinander.
Anmerkungen	Spielfeld abgrenzen!

Kettenfangen	
Zielstellungen	SchSch sollen die Besonderheiten der Bewegungssituation Wasser spielerisch erfahren, soziale und kognitive Erfahrungen sammeln.
Beschreibung	Ein SchSch beginnt als Fänger und versucht, einen weiteren Mitschüler zu fangen. Diese Zweierkette fängt den nächsten SchSch, eine Viererkette teilt sich dann wieder in 2 Zweierketten, die gemeinsam SchSch fangen.
Varianten	Bewegungen im Wasser vorgeben, z. B. mit eingetauchten Schultern schleichen oder hüpfen und nicht joggen. Kann mit Schwimmern auch im Tiefwasser durchgeführt werden.
Anmerkungen	Den vorgegebenen Beckenbereich abgrenzen und die Spielfläche nicht zu groß wählen.

Motorbootrennen	
Zielstellungen	SchSch sollen die Besonderheiten der Bewegungssituation Wasser spielerisch erfahren, soziale und kognitive Erfahrungen sammeln.
Beschreibung	Fünf SchSch bilden z. B. eine Mannschaft und haben eine Matte, zwei sitzen auf der Matte, die anderen 3 schieben die Matte auf Startsignal schnellstmöglich zur anderen Seite des Beckens. Danach werden die Pferde (SchSch, die antreiben) mit den Reitern (Kindern auf der Matte) getauscht. Die Mannschaft, die als erste die Startseite wieder erreicht, hat gewonnen.
Varianten	Matte mit Kraulbeinschlag antreiben. Matte mit Rückenbeinschlag an der Vorderseite der Matte ziehen.
Anmerkungen	Es sollten nicht mehr Schüler auf der Matte sitzen als Schüler, die die Matte schieben. (Bei 5 Kindern können Reiter und Pferde nicht getauscht werden.)

Pferderennen	
Zielstellungen	SchSch sollen die Besonderheiten der Bewegungssituation Wasser spielerisch erfahren, soziale und kognitive Erfahrungen sammeln.

Beschreibung	Ein Pferderennen wird durch den SchL beschrieben. Er steht mit den SchSch eng in einem Kreis. Das Spiel beginnt. Er schlägt sich langsam auf die Oberschenkel und alle machen es nach. Er beginnt zu erzählen: „Die Pferde sind unruhig in den Boxen" – scharren mit den Hufen und wiehern. „Der Startschuss fällt und es geht los" – Schuss. „Zuerst durch das tiefe Gras"– Hände aneinander reiben. „Die Pferde gehen in eine Rechtskurve" – alle lehnen sich jetzt nach rechts. „Jetzt kommt eine scharfe Linkskurve" – alle lehnen sich jetzt nach links. „Enge Kombination einer Links-Rechts Kurve" – jetzt nach links und dann nach rechts lehnen. „Langsam kommen die Pferde auf ein Hindernis zu" – SchSch springen hoch und werfen die Arme nach oben. „Doppel und Dreifach Hindernis" – 2- und 3x hintereinander aufspringen und die Arme nach oben werfen. „Jetzt durch einen Wassergraben" – Hände klatschen auf das Wasser. „Es folgt eine Holzbrücke" – auf den Brustkorb schlagen, damit es hohl klingt. „Die Tribüne der kreischenden Mädchen meldet sich" – schrilles Schreien und Klatschen. „Die Tribüne der brüllenden Jungen wird passiert" – tiefe Stimmen, die anfeuern und brüllen. „Die knipsenden Touristen" – Kamera nachmachen mit klick klick klick. Am Ende brüllen alle SchSch „Gewonnen", springen hoch und stellen sich zum Siegerfoto auf: „Cheese".
Anmerkungen	Zwischen den erzählten Ereignissen joggen die SchSch kreuz und quer.

Riesenwelle, Seeungeheuer, Hai	
Zielstellungen	SchSch sollen die Besonderheiten der Bewegungssituation Wasser spielerisch erfahren, soziale und kognitive Erfahrungen sammeln.
Beschreibung	SchSch joggen kreuz und quer im bauch- bis brusttiefen Beckenbereich. Der SchL ruft entweder Riesenwelle, Seeungeheuer oder Hai. Zwischen den Anweisungen joggen die SchSch ebenfalls kreuz und quer: „Riesenwelle" (SchL macht mit einem Schwimmbrett Wellen). Die SchSch joggen zum Beckenrand halten sich fest, um nicht fortgeschwemmt zu werden,

Riesenwelle, Seeungeheuer, Hai	
	„Seeungeheuer“ (SchL ahmt Seeungeheuer nach): Die SchSch tauchen unter die Wasseroberfläche, um sich vor dem Seeungeheuer zu verstecken, „Hai“ (SchL ahmt Hai nach): Die SchSch bewegen sich zum Beckenrand und strampeln, um den Hai von sich fernzuhalten.

Ringe sammeln	
Zielstellungen	SchSch sollen die Besonderheiten der Bewegungssituation Wasser spielerisch erfahren, soziale und kognitive Erfahrungen sammeln.
Beschreibung	Auf gegenüberliegenden Beckenseiten steht jeweils eine Mannschaft („Könige der wilden See“ und „Fiese Diebe“). Auf beiden Seiten liegen Ringe auf dem Beckenboden. Immer zwei SchSch aus einer Mannschaft tauchen auf der gegenüberliegenden Seite nach einem Ring. Die SchSch setzen sich diesen auf den Kopf wie eine Krone, laufen oder schwimmen zurück auf ihre Seite und legen die Krone wieder ins Wasser. Nach Ablauf der Zeit gewinnt die Gruppierung mit den meisten Ringen.

Stechgiftfisch	
Zielstellungen	SchSch sollen die Besonderheiten der Bewegungssituation Wasser spielerisch erfahren, soziale und kognitive Erfahrungen sammeln.
Beschreibung	Ein aufblasbarer Wasserball in der Mitte der Mannschaften stellt das Monster, den Stechgiftfisch, dar. Die zwei Mannschaften positionieren sich auf beiden Seiten und versuchen nun, das Monster durch Wellenmachen (Schwimmbretter mehrfach nach unten drücken) auf die gegnerische Seite zu treiben. Niemand darf den Stechgiftfisch berühren.
Varianten	Zum Treiben alte Tennisbälle nehmen. Eine Mannschaft wirft, die andere macht Wellen oder beide Mannschaften werfen.

Tischtennisbälle treiben	
Zielstellungen	SchSch sollen die Besonderheiten der Bewegungssituation Wasser spielerisch erfahren, soziale und kognitive Erfahrungen sammeln.
Beschreibung	2–3 SchSch halten sich an einem Reifen fest, der auf der Wasseroberfläche liegt. Im Reifen schwimmen Tischtennisbälle, die von den SchSch angeblasen und damit bewegt werden (Mund ist möglichst nahe an der Wasseroberfläche). Die Tischtennisbälle dürfen den Reifen nicht berühren.
Varianten	Im Wechsel taucht immer ein SchSch in die Reifenmitte und treibt einen Tischtennisball durch Anblasen an den Reifenrand.
Anmerkungen	SchSch sind u. a. erst dann mit dem Wasser vertraut, wenn sie mit geöffneten Augen unter Wasser 5 Sekunde lang große Luftblasen erzeugen können.

Tunnel tauchen	
Zielstellungen	SchSch sollen die Besonderheiten der Bewegungssituation Wasser spielerisch erfahren, soziale und kognitive Erfahrungen sammeln.
Beschreibung	Die Hälfte der SchSch joggt mit einem Ball oder einem Schwimmbrett kreuz und quer im bauch- bis brusttiefen Wasser und versucht, einen Mitschüler mit dem Ball oder dem Schwimmbrett zu berühren. Der berührte SchSch bekommt den Ball oder das Schwimmbrett, dann muss er einen Tunnel bauen (= Grätsche) und der Mitschüler taucht unter dem Tunnel durch.
Varianten	SchSch übergeben einen Tennisball und versuchen, mit dem Ball durch den Tunnel zu tauchen.
Anmerkungen	Mit immer größeren Materialien den Auftrieb beim Abtauchen bewältigen.

Waschstraße	
Zielstellungen	SchSch sollen die Besonderheiten der Bewegungssituation Wasser spielerisch erfahren, soziale und kognitive Erfahrungen sammeln.
Beschreibung	Die SchSch stehen in einer Gasse (Waschstraße). Ein SchSch läuft durch die Gasse und legt vorher fest, ob er ein Sportwagen, ein Jeep oder ein Lkw ist. Die Sportwagen werden ganz leicht gewaschen, die Jeeps sind schon etwas dreckiger und der Lkw muss natürlich ganz stark gewaschen werden (muss mit einem Schlauch abgespritzt werden). Nach dem Waschgang reiht sich der SchSch in die Gasse ein.
Varianten	Rückwärtsgehen, nach 3 Schritten springen die SchSch möglichst hoch und landen möglichst tief.
Anmerkungen	Bei großen Gruppen können auch mehrere Autos gleichzeitig durch die Waschstraße fahren, um Wartezeiten zu vermeiden.

Weißer Hai	
Zielstellungen	SchSch sollen die Besonderheiten der Bewegungssituation Wasser spielerisch erfahren, soziale und kognitive Erfahrungen sammeln.
Beschreibung	SchSch joggen kreuz und quer durch einen vorgegebenen Beckenbereich. 1, 2 oder 3 Schüler sind die weißen Haie und versuchen, mit Poolsticks oder Poolnoodles die Mitschüler zu fangen (mit einem Poolstick einen Mitschüler berühren oder eine Poolnoodle um den Mitschüler legen). Der gefangenen Mitschüler werden zu einem weißen Hai.
Varianten	Kann mit Schwimmern auch im Tiefwasser durchgeführt werden.
Anmerkungen	Den vorgegebenen Beckenbereich abgrenzen und die Spielfläche nicht zu groß wählen.

Wochentagspiel	
Zielstellungen	SchSch sollen die Besonderheiten der Bewegungssituation Wasser spielerisch erfahren, soziale und kognitive Erfahrungen sammeln.
Beschreibung	Die SchSch verteilen sich im Becken. Man fängt an, die Wochentage von Montag bis Sonntag (danach immer einen Tag weniger: Mo – Sa, Mo – Fr, usw.) durchzuzählen und macht bei jedem Tag z. B. einen Sprung mit einer Drehung oder ...
Varianten	Profi-Wochentagspiel: Aufgaben erschweren, d. h. immer dem verbesserten Fertigkeitsniveau anpassen.

Zauberfangen	
Zielstellungen	SchSch sollen die Besonderheiten der Bewegungssituation Wasser spielerisch erfahren, soziale und kognitive Erfahrungen sammeln.
Beschreibung	Ein SchSch ist der Zauberer und verzaubert andere SchSch, die kreuz und quer joggen, mit seinem Zauberstab (Poolstick). Wer verzaubert wurde, bleibt stehen und kann nur durch einen freien SchSch entzaubert werden (Abklatschen, unter den gegrätschten Beinen des Verzauberten durchtauchen, Delfinsprung über den ausgestreckten Arm usw.).

Zirkusfangen	
Zielstellungen	SchSch sollen die Besonderheiten der Bewegungssituation Wasser spielerisch erfahren, soziale und kognitive Erfahrungen sammeln.
Beschreibung	Es gibt einen Fänger, der versucht, die anderen SchSch (die wilden Zirkustiere) zu fangen (Berührung an der Schulter). Werden diese gefangen, müssen sie zum SchL, der ein Kunststück anweist (Rolle vorwärts/rückwärts, Rolle über eine Matte, über eine Matte laufen, Seestern, U-Boot usw..), das sie ausführen müssen um wieder mitspielen zu dürfen.
Varianten	Weitere Kunststücke anweisen.

7.2 Spiele für die Klassenstufen 3 und 4

Die nachfolgenden Spiele können mit den SchSch gespielt werden die die Teilkompetenz (en) IV und V (Kap. I-2) beherrschen.

Ball über die Schnur	
Zielstellungen	SchSch sollen die Besonderheiten der Bewegungssituation Wasser spielerisch erfahren, soziale und kognitive Erfahrungen sammeln.
Beschreibung	Mit einer Schnur zwei Spielfeldhälften abgrenzen. Auf jeder Spielfeldhälfte befindet sich eine Mannschaft. Ein Wasserball wird über die Schnur zum Gegner geworfen. Wenn der Ball nicht gefangen wird, bekommen die Werfer einen Punkt, geht der Ball ins Aus, bekommt der Gegner einen Punkt.
Varianten	Spiel mit mehreren Bällen: Für jeden Ball einen Zähler bestimmen, die Punkte werden dann addiert.
Anmerkungen	Entweder man gibt eine Punktzahl vor und die Mannschaft, die zuerst diese Punktzahl erreicht, gewinnt. Oder man spielt auf Zeit und die Mannschaft mit den meisten Punkten gewinnt.

Biathlonstaffel	
Zielstellungen	SchSch sollen die Besonderheiten der Bewegungssituation Wasser spielerisch erfahren, soziale und kognitive Erfahrungen sammeln.
Beschreibung	Ein Ball muss über eine, zunächst kurze, Strecke transportiert werden, um Hütchen (Ziele) auf den Startblöcken zu treffen (Anzahl der Ziele = Anzahl der Schwimmer). Jeder Mannschaft ist ein Hütchen mit einer bestimmten Farbe zugeordnet. Die Mannschaft, die zuerst ihre Gegenstände abgeräumt hat, gewinnt.
Varianten	Balltransport durch Wasserballkraulen (Ball darf nur mit dem Kopf berührt werden).

Delfinfangen	
Zielstellungen	SchSch sollen die Besonderheiten der Bewegungssituation Wasser spielerisch erfahren, soziale und kognitive Erfahrungen sammeln.
Beschreibung	Fänger und Delfine dürfen sich während des Spiels nur mit Delfinsprüngen fortbewegen.
Varianten	Nach den Delfinsprüngen mit Kraulbeinschlag. Nach den Delfinsprüngen mit Rückenbeinen.

Delfinstaffel	
Zielstellungen	SchSch sollen die Besonderheiten der Bewegungssituation Wasser spielerisch erfahren, soziale und kognitive Erfahrungen sammeln.

Beschreibung	Zwei Mannschaften tauchen mit Delfinsprüngen z. B. nach Gegenständen, die in gleichem Abstand hintereinander auf dem Beckenboden liegen, und zeigen den getauchten Gegenstand jeweils dem SchL. Die SchSch lassen dann den jeweiligen Gegenstand wieder an derselben Stelle fallen und springen zum nächsten Gegenstand. Der nächste aus der Gruppe darf erst starten, wenn der letzte Gegenstand wieder auf dem Boden liegt.

Eisbergfangen	
Zielstellungen	SchSch sollen die Besonderheiten der Bewegungssituation Wasser spielerisch erfahren, soziale und kognitive Erfahrungen sammeln.
Beschreibung	Es gibt einen oder mehrere Fänger, die versuchen, die anderen SchSch zu fangen. Werden diese gefangen, müssen sie sich mit gespreizten Beinen hinstellen und die Hände über dem Kopf zu einer Spitze formen, um einen Eisberg nachzustellen. Sie dürfen erst wieder mitspielen, wenn ein anderes Kind durch die gespreizten Beine getaucht ist.
Varianten	Achtertauchen um und durch die Beine • durch die Beine tauchen und über den Arm springen • durch die Beine tauchen, 180° drehen und zurücktauchen

Fischerstechen	
Zielstellungen	SchSch sollen die Besonderheiten der Bewegungssituation Wasser spielerisch erfahren, soziale und kognitive Erfahrungen sammeln.
Beschreibung	Jeder SchSch sitzt auf einem Schwimmbrett und versucht, einen Mitschüler von seinem Brett zu stupsen. Jeder gegen jeden.
Varianten	Wer von seinem Brett gefallen ist, muss unter seinem Brett durchtauchen.

Fischsuppe	
Zielstellungen	SchSch sollen die Besonderheiten der Bewegungssituation Wasser spielerisch erfahren, soziale und kognitive Erfahrungen sammeln.
Beschreibung	Die SchSch werden in 4 Gruppen eingeteilt und befinden sich in den Ecken des Beckens. Jede Gruppe erhält einen Fischnamen (Lachs, Forelle, Flunder, Karpfen). Ein SchSch ist der Fischer und schwimmt in der Mitte des Beckens. Der SchL ruft nun zwei Fischnamen, z. B. Karpfen und Forelle. Dann müssen die Karpfen und die Forellen die Standplätze wechseln. In dieser Zeit hat der Fischer die Möglichkeit, die Fische zu fangen. Die Fische, die gefangen sind, werden nun auch zu Fängern. Ruft der SchL „Fischsuppe“, müssen alle Fische die Ecken wechseln.

Die Hechte brechen aus	
Zielstellungen	SchSch sollen die Besonderheiten der Bewegungssituation Wasser spielerisch erfahren, soziale und kognitive Erfahrungen sammeln.
Beschreibung	Die SchSch bilden einen Kreis und fassen sich an den Händen. Ein oder mehrere SchSch befindet/befinden sich außerhalb der „Wasserburg", die er/sie nun erobern muss/müssen. Er oder sie kann/können mit Delfinsprüngen in den Kreis die Wasserburg bezwingen. Die SchSch, die sich an den Händen fassen, versuchen dies wiederum zu verhindern, indem sie die Lücken verkleinern (nur die Popos zusammenschieben, Füße müssen auf dem Boden bleiben). Wurde die Wasserburg erobert, sind die SchSch, die dies zugelassen haben, die neuen Eroberer.
Varianten	Die Hechte brechen aus: Im Kreis befinden sich die Hechte und versuchen, aus dem Netz herauszukommen, indem sie zwischen den Beinen durchtauchen.

Herr der Ringe	
Zielstellungen	SchSch sollen die Besonderheiten der Bewegungssituation Wasser spielerisch erfahren, soziale und kognitive Erfahrungen sammeln.
Beschreibung	In einer Hälfte des Beckens werden Ringe verteilt, die von einem SchSch, dem „Herr der Ringe", bewacht werden. Die anderen SchSch starten von einer Beckenseite und versuchen, die Ringe zu stehlen. Es darf immer nur ein Ring gestohlen und an den Beckenrand transportiert werden. Sobald die SchSch im Feld des Herrn der Ringe sind, dürfen sie von ihm gefangen werden. Wird man vom Herrn der Ringe gefangen, dann wird man zum Helfer. Das Spiel ist beendet, wenn alle Ringe gestohlen oder alle SchSch gefangen sind.
Varianten	Verschiedene Aufgaben für den Hinweg geben (Delfinsprünge, Ruderboot, Hubschrauber, ...).

Perlentaucher	
Zielstellungen	SchSch sollen die Besonderheiten der Bewegungssituation Wasser spielerisch erfahren, soziale und kognitive Erfahrungen sammeln.
Beschreibung	Eine Perle (Ring) weniger als SchSch wird auf dem Beckenboden verteilt. Bei laufender Musik bewegen sich alle SchSch kreuz und quer durch das Wasser. Beim Stoppen der Musik muss jeder SchSch nach einer Perle tauchen. Wer keine Perle erlangt, scheidet aus.
Anmerkungen	Das Spiel eignet sich gut für das Ende einer Stunde. Die ausgeschiedenen SchSch gehen dann duschen.

Pferdekauf	
Zielstellungen	SchSch sollen die Besonderheiten der Bewegungssituation Wasser spielerisch erfahren, soziale und kognitive Erfahrungen sammeln.

Beschreibung	Die SchSch ertauchen einen Taler (Ring) und kaufen sich dafür ein Pferd (Noodle). Damit reiten sie auf die Koppel (Treppe/Leiter), stellen das Pferd dort ab und rutschen über die Rutsche (geht auch mit Matte über dem Beckenrand, falls keine Rutsche verfügbar ist) wieder in den Stall (Wasser), ertauchen wieder einen Taler und kaufen sich ein neues Pferd.
Anmerkungen	Die Spielorganisation muss einen fließenden Ablauf garantieren.

Pferdeklau	
Zielstellungen	SchSch sollen die Besonderheiten der Bewegungssituation Wasser spielerisch erfahren, soziale und kognitive Erfahrungen sammeln.
Beschreibung	Jeder SchSch sitzt auf einem Pferd (Poolnoodle) und bekommt eine bestimmte Anzahl Ringe (z. B. 3) an sein Pferd gehängt. Nun versuchen die SchSch, den anderen Pferden die Ringe zu stehlen und an ihr Pferd zu hängen. Wer am Ende die meisten Ringe hat, gewinnt.
Varianten	Jeder SchSch hängt eigene Ringe an das Pferd der Mitschüler. Wer am Ende die wenigsten Ringe hat, gewinnt.
Anmerkungen	Den vorgegebenen Beckenbereich abgrenzen und die Spielfläche nicht zu groß wählen

Piratenball	
Zielstellungen	SchSch sollen die Besonderheiten der Bewegungssituation Wasser spielerisch erfahren, soziale und kognitive Erfahrungen sammeln.
Beschreibung	SchSch (Matrosen) verteilen sich im Wasser. Zwei SchSch sind Piraten und versuchen, die Matrosen mit Wasser-oder Schaumstoffbällen abzuwerfen. Wer sich unter Wasser befindet, darf nicht abgeworfen werden. Getroffene Matrosen werden Piraten.
Anmerkungen	Nur Schaumstoffbälle verwenden.

Putzfisch	
Zielstellungen	SchSch sollen die Besonderheiten der Bewegungssituation Wasser spielerisch erfahren, soziale und kognitive Erfahrungen sammeln.
Beschreibung	Alle Materialien sind im Wasser verteilt. Die Kinder haben 5 Minuten Zeit zu spielen. Auf Kommando wird das Becken „geputzt“ und die Materialien aus dem Becken geräumt und sortiert.
Varianten	Nur die Schwimmbretter, nur die Pullbuoys, nur die ...
Anmerkungen	Das Spiel eignet sich hervorragend, um alle Materialien nach dem Schwimmunterricht aufzuräumen.

Ringe schieben	
Zielstellungen	SchSch sollen die Besonderheiten der Bewegungssituation Wasser spielerisch erfahren, soziale und kognitive Erfahrungen sammeln.

Beschreibung	Die SchSch werden in zwei Gruppen eingeteilt. In der Mitte des Beckens wird eine Linie aus Ringen gelegt (am besten eine schwarze Bahnmarkierung verwenden). Beide Mannschaften müssen sich von der Wand/vom Beckenboden abstoßen und versuchen, bis zu der Ringlinie zu tauchen und einen Ring in die gegnerische Hälfte zu schieben. Gelingt es dem SchSch nicht, bis zur Linie zu tauchen, muss er diesen Tauchversuch abbrechen. Es wird zurück geschwommen/ gelaufen und der nächste Tauchversuch kann gestartet werden. Nach Ablauf der Zeit hat die Mannschaft gewonnen, auf deren Seite weniger Ringe liegen.
Varianten	Weitere Tauchgegenstände benutzen, für die es unterschiedliche Punkte gibt. Mehrere Tauchversuche zulassen.
Anmerkungen	Die Tauchdistanzen müssen dem Können der SchSch entsprechen. Darauf achten, dass jeder SchSch nur einen Tauchgegenstand pro Tauchversuch weiterschiebt.

Schatzsuche	
Zielstellungen	SchSch sollen die Besonderheiten der Bewegungssituation Wasser spielerisch erfahren, soziale und kognitive Erfahrungen sammeln.
Beschreibung	SchL verteilt viele verschiedene Tauchgegenstände auf dem Beckenboden. Die SchSch warten am Beckenrand auf das Startkommando und tauchen immer nur nach einem Gegenstand, den sie zum Beckenrand zurückbringen. Der SchSch mit den meisten Gegenständen hat am Ende der Spielzeit gewonnen.
Varianten	Verschiedene Gegenstände bekommen verschiedene Punktzahlen, z. B. der kleine Tauchring 2 Punkte und der große Tauchring 4 Punkte.
Anmerkungen	SchL muss von außerhalb des Beckens den Ablauf kontrollieren.

Schnappi das Krokodil	
Zielstellungen	SchSch sollen die Besonderheiten der Bewegungssituation Wasser spielerisch erfahren, soziale und kognitive Erfahrungen sammeln.
Beschreibung	Die SchSch sitzen auf beiden Seiten des Nils (Beckenrand). In der Mitte liegt Schnappi das Krokodil und „schläft". Solange der SchL sagt, dass Schnappi schläft, können die SchSch die Seiten wechseln ohne, dass ihnen etwas passiert. Ziel ist es z. B. 5mal die Seiten zu wechseln, ohne gefangen zu werden. Ruft der SchL „Schnappi wacht auf", darf Schnappi die anderen SchSch fangen. Freimal ist der Beckenrand. Gefangene SchSch werden zum Krokodil.
Varianten	Vorgaben zum Durchqueren des Beckens (Hubschrauber, Raddampfer oder Ruderboot).

Seestern fangen	
Zielstellungen	SchSch sollen die Besonderheiten der Bewegungssituation Wasser spielerisch erfahren, soziale und kognitive Erfahrungen sammeln.
Beschreibung	Ein Fänger versucht, Mitschüler zu fangen. Gefangene Mitschüler legen sich als Seesterne in Rückenlage aufs Wasser. Noch freie SchSch können die Seesterne befreien, indem sie die Seesterne umdrehen.
Varianten	Verschiedene Aufgaben zum Erlösen der Seesterne geben (Stern auf Rücken malen usw.)

Strandkorb	
Zielstellungen	SchSch sollen die Besonderheiten der Bewegungssituation Wasser spielerisch erfahren, soziale und kognitive Erfahrungen sammeln und verschiedene Materialien sowie deren Eigenschaft kennenlernen
Beschreibung	Die SchSch werden in Gruppen eingeteilt. Am Beckenrand befindet sich pro Gruppe eine Kiste, der „Strandkorb". Die im Becken verteilten Gegenstände (Poolnoodles, Ringe, Bretter, Pullbuoys usw.) müssen in einer bestimmten Zeit eingesammelt werden, wobei jeder SchSch immer nur einen Gegenstand zum Strandkorb bringen darf. Gewonnen hat die Gruppe, deren Strandkorb die meisten Gegenstände beinhaltet.
Varianten	Jeder Gruppe wird eine Farbe zugeordnet und sie dürfen nur Gegenstände in dieser Farbe sammeln.

Tauchstaffel	
Zielstellungen	SchSch sollen die Besonderheiten der Bewegungssituation Wasser spielerisch erfahren, soziale und kognitive Erfahrungen sammeln.
Beschreibung	Die SchSch ($n = 3$) stehen in einer Reihe, mit gegrätschten Beinen hintereinander. Der letzte TN der Reihe führt einen Delfinsprung mit anschließenden Kraulbeinschlägen aus und taucht zwischen den Beinen der SchSch durch (Arme in Vorhalte). Anschließend stellt er sich an die Spitze der Reihe und der nun letzte TN beginnt mit dem Delfinsprung. Die Schlange gewinnt, die zuerst wieder steht wie zu Beginn.

Transportstaffel	
Zielstellungen	SchSch sollen die Besonderheiten der Bewegungssituation Wasser spielerisch erfahren, soziale und kognitive Erfahrungen sammeln.
Beschreibung	Transport mit einer Pendelstaffel: Jede Mannschaft erhält einen Pullbuoy, der über eine bestimmte Distanz transportiert und danach übergeben werden muss. Der Gegenstand muss sich in der Regel über die gesamte Distanz am Körper befinden (Ausnahme: Tischtennisball, der angepustet werden muss).
Varianten	Verschiedene Gegenstände in verschiedenen Lagen transportieren: Bretter, Flossen, Poolnoodles, Tischtennisbälle usw..

Wagenrennen	
Zielstellungen	SchSch sollen die Besonderheiten der Bewegungssituation Wasser spielerisch erfahren, soziale und kognitive Erfahrungen sammeln.
Beschreibung	Bis zu 4 SchSch einer Gruppe sitzen auf einer Matte (Wagen) und werden von den anderen Schülern (Motor, Pferde) geschoben oder gezogen. Ziel ist es, den Wagen schnellstmöglich auf die andere Seiten des Beckens zu befördern.
Varianten	Den Wagen mit verschiedenen Varianten befördern. Mit Kraulbeinschlag schieben und mit Rückenbeinschlag ziehen.
Anmerkungen	Nicht mehr SchSch auf die Matte setzen, als SchSch, die die Matte schieben/ziehen.

Waschmaschinenfangen	
Zielstellungen	SchSch sollen die Besonderheiten der Bewegungssituation Wasser spielerisch erfahren, soziale und kognitive Erfahrungen sammeln.
Beschreibung	Fangspiel mit einem Fänger: Wer gefangen wurde, muss stehenbleiben und laut „Waschmaschine" rufen. Andere freie SchSch kommen und müssen den Schleudergang anwerfen. Der gefangene SchSch macht ein Paket und wird von dem Befreier einmal gedreht (Rolle vorwärts). Der SchSch ist dann wieder frei. Wer zweimal gefangen wurde, wird zum neuen Fänger.
Varianten	Schleudergang rückwärts.
Anmerkungen	Beim Schleudergang durch die Nase ausatmen!

Wilder Ozean	
Zielstellungen	SchSch sollen die Besonderheiten der Bewegungssituation Wasser spielerisch erfahren, soziale und kognitive Erfahrungen sammeln.
Beschreibung	Die SchSch bewegen sich kreuz und quer im Wasser. Je nach Kommando des SchL wird die Bewegungsausführung geändert bzw. die angewiesene Aktion bis zur nächsten Ansage/Anzeige des SchL ausgeführt. *Raddampfer, Ruderboot, Hubschrauber* Sich wie eine Schlange, ein Delfin, ein Seepferdchen, ein Motorboot usw durch das Wasser bewegen. Kugelfisch: Es wird Hockschweben im Wasser durchgeführt. „Macht euch so klein, wie ihr könnt." „Ein Paket im Wasser machen." U-Boot: Die SchSch setzen sich auf den Beckenboden bzw. tauchen. Sturm: Die SchSch schwimmen so schnell wie möglich an den Beckenrand. Anschließend werden Kraul-Beinschläge durchgeführt. Gewitter: Alle SchSch müssen so schnell wie möglich aus dem Wasser heraus und sich an den Beckenrand setzen. (Diese Aktion bietet sich zur Pausengestaltung und als Endaktion an.)
Anmerkungen	Das Spiel eignet sich gut, um bereits erlernte Übungen weiter zu festigen.

7.3 Im Wasser Bewegungsaufgaben lösen

Beim Spielen sind immer wieder neue Bewegungssituationen zu bewältigen, d. h. die SchSch müssen sich für adäquate Strategien entscheiden. Im Folgenden werden, ergänzend zu Kap. III-7.1 und III-7.2, einige einfache Bewegungsaufgaben vorgestellt, die die SchSch zum Probieren und Reflektieren anregen sollen.

SchSch probieren Bewegungsaufgaben

- Die Breitseite des Flachwasserbereiches mit möglichst wenigen Schritt- oder Schlusssprüngen und Delfinsprüngen bewältigen.
- Die Breitseite des Schwimmbeckens mit möglichst wenigen Gleitsprüngen bewältigen, d. h. nach einem flachen Delfinsprung möglichst lange gleiten (vorwärts oder rückwärts).
- Hampelmann im bauch-, brust- und schultertiefen Wasser probieren.
- In 2 Minuten möglichst viel Tauchringe vom Beckenboden ertauchen.
- Möglichst große und möglichst viele Luftblasen unter der Wasseroberfläche erzeugen.
- Fußsprünge vom Beckenrand im Tiefwasserbereich ohne Untertauchen des Kopfes – „die Haare bleiben trocken“.
- Im Tiefwasserbereich vom Beckenboden abstoßen und möglichst hochspringen.
- Beim Fußsprung im Tiefwasserbereich einen Ball, der vom SchL geworfen wird, fangen und wieder zurückwerfen.
- Nach dem Hechtschießen im Flachwasserbereich oder nach einem Startsprung im Tiefwasserbereich möglichst lange gleiten.
- Mit möglichst wenig Schwimmzyklen, z. B. Hubschrauber oder Brust, eine vorgegebene Schwimmstrecke bewältigen.
- Beim Brustschwimmen verschiedene Armzug-Beinschlag-Kombinationen probieren:
  - 1 Armzug + 2 Beinschläge,
  - 2 Armzüge + 1 Beinschlag,
  - etc.
- Teilbewegungen verschiedener Schwimmarten kombinieren: z. B. Brustarmzug mit Delfinbeinschlag etc.

IV

Anhang

A Glossar

Abkürzungen

BA: Brustarmzug
BB: Brustbeinschlag
KA: Kraularmzug
KB: Kraulbeinschlag
RA: Rückenarmzug
RB: Rückenbeinschlag
SchL: Schwimmlehrer
SchSch: Schwimmschüler

Aktives Gleiten und passives Gleiten

Aktiv: SchSch gleiten, z. B. nach dem „Hechtschießen“, ohne Lehrerhilfe mit oder ohne materiale Hilfe.

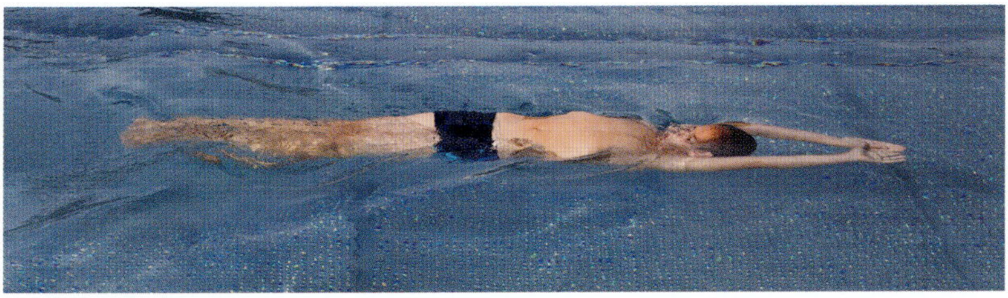

Passiv: SchSch gleiten mit Lehrerhilfe (u. a. mit Schultergriff, Kopfgriff oder Armgriff) oder mit materialer Hilfe

Affenfüße

Bei Hochposition oder beim Stand am Beckenrand umklammern die SchSch den Beckenrand mit den Zehen

Bananenabsprung

Metapher für den Rückenstart.

Differenzierung

„Differenzierung bezeichnet die Ausrichtung der unterrichtlichen Maßnahmen auf die unterschiedliche Leistungsfähigkeit der Schüler (Söll 1996, S. 118).

Delfinschießen

Rakete mit beidbeinigem Absprung vom Beckenboden in eine Gleitposition.

Delfinsprung

SchSch springen mit beiden Beinen gleichzeitig vom Boden ab und tauchen wie ein Delfin kopfwärts ins Wasser ein. Die Arme sind in Vorhalte, der Kopf wird zwischen den Oberarmen eingeklemmt.

Druckphase

Anteil der Unterwasserphase des Armzugs (Kraul, Rücken, Schmetterling). Die Druckphase beginnt etwa in Schulterhöhe und endet etwa in Hüfthöhe.

Dynamische Struktur

Kraft-Zeit-Verlauf einer Bewegung, z. B. beim Brustarmzug: Dosierter Auswärtsanteil bei Zugbeginn, dann kraftvoller Einwärtsanteil, dann dosierte Rückholphase (Streckung der Arme).

Extrinsische Motivation

Die Tätigkeit wird im Hinblick auf eine Belohnung ausgeübt und nicht um ihrer selbst willen, z. B. um gelobt oder anerkannt zu werden.

Fliegendes Faultier

Abstoß in Rückenlage mit beiden Beinen von der Beckenwand: SchSch hält sich mit den Händen, vor dem Abstoß von der Beckenwand, am Beckenrand fest. Nach einem dosierten Abstoß gleitet der Schwimmer in Rückenlage mit dem Hinterkopf im Wasser, Arme zunächst in Tiefhalte, dann in Vorhalte.

Grobkoordination/Grobform

Eine Stufe zur Feinformung einer Bewegungstechnik, d. h. kinematische und dynamische Zielvorgaben einer Bewegungstechnik werden nur teilweise beherrscht. Beispiele:

- Kraul ohne regelmäßige Ein- und Ausatmung schwimmen oder
- Rücken mit gestrecktem Ellenbogengelenk, ohne Rotation um die Längsachse und in Sitzhaltung schwimmen.

Händepaddeln (= Paddeln)

In Rückenlage paddeln Unterarme und Hände bei leicht abgewinkelten Oberarmen. Handflächen sind dabei immer in Bewegungsrichtung angestellt.

Hechtschießen
(= Rakete oder Anfängerrakete in Rücken- oder Bauchlage)

Abstoß von der Beckenwand (ein Fuß an der Beckenwand, ein Fuß auf dem Beckenboden) in Bauch- oder Rückenlage, Arme der SchSch in Vorhalte (Daumen berühren sich). Gesicht (bei Bauchlage) oder Hinterkopf (bei Rückenlage) der SchSch ist im Wasser eingetaucht. SchSch atmen in Bauchlage ins Wasser aus.

Hockköpfer

Abfaller vorwärts aus der Hockposition vom Beckenrand ins Tiefwasser (>1,80 m) mit Vorneigung des Kopfes und gestreckten Armen (Ohren mit den Oberarmen einklemmen).

Hockschwebe – Streckschwebe

Mit und ohne regelmäßige Ein- und Ausatmung. In Bauchlage im Wechsel die Hüft- und Kniegelenke anhocken und wieder strecken. In Hockposition Hände an die Knie und Einatmung. Danach Hüfte, Arme und Beine strecken und ins Wasser ausatmen.

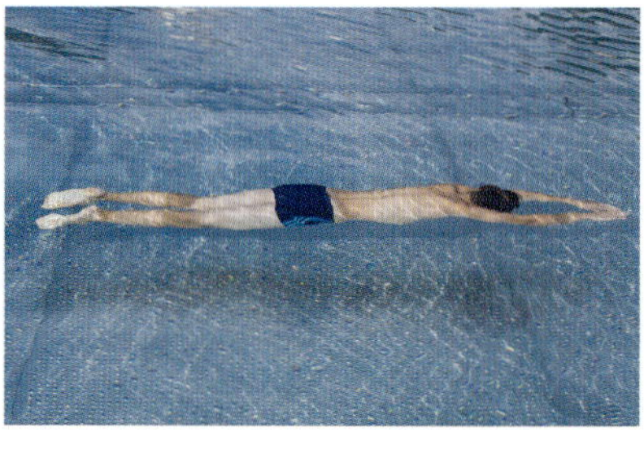

Hubschrauber

Einsteigertechnik: Die SchSch schwimmen mit grobkoordiniertem Brustarmzug und mit Kraulbeinschlag und regelmäßiger Ein- und Ausatmung.

Invariante

Nicht austauschbare und nicht veränderbare Anteile eines motorischen Programms bzw. konstant auszuführendes Merkmal einer Zielbewegung, z. B. werden bei der Schwimmart Schmetterling immer zwei Beinschläge mit einem Armzug gekoppelt.

Intrinsische Motivation

Eine Tätigkeit wird um ihrer selbst willen ausgeführt, z. B. um die Neugier zu befriedigen oder um Erkenntnisse zu gewinnen.

Kopplung, simultane

Zeitgleiche Ausführung von Teilbewegungen, z. B. wenn Kopfrotation, Einatmung und Beginn der Rückholphase vom rechten Arm beim Kraulschwimmen synchron ausgeführt werden.

Kopplung, sukzessive

Zeitliches Nacheinander von Teilbewegungen/Bewegungen, z. B. Startsprung, dann Gleitphase + Delfinbeinschlag, dann Kraulbeinschlag, dann Kraul.

Kreuz und quer

SchSch joggen, hüpfen, springen oder schwimmen ohne Richtungsvorgabe in einem vorgegebenen Übungsbereich.

Krokodilgriff (= Ristgriff)

Ein Schwimmbrett wird am Brettende mit dem Daumen an der Brettunterseite und mit den 4 Fingern an der Oberseite gehalten.

Maulwurfhände

Bereits bei der Grobform des Brustarmzugs sollen die Handgelenke bei der Zug- und Rückholphase versteift werden.

Paddeln

Z. B. in Rückenlage (Arme in Tiefhalte) Flexion und Extension des Ellenbogengelenks, die Oberarme bleiben dabei ca. 30 Grad abduziert. Bei Extension werden die Unterarme proniert, und bei Flexion werden sie supiniert (→ die Handflächen sind dann immer in Bewegungsrichtung angestellt).

Parameter

Ein Parameter ist ein variables Merkmal eines motorischen Programms, das die Bewegungen steuert. Eine Parameterveränderung ist z. B. eine Veränderung des Rückenarmzuges, der nicht mit gebeugtem, sondern grobkoordiniert mit gestrecktem Ellenbogengelenk vom SchSch ausgeführt wird.

Poolnoodle

Schaumstoffrolle (etwa 2 m lang), die als Schwimmhilfe oder als Trainings- oder Spielgerät genutzt werden kann.

Poolstick

Kurze Schaumstoffrolle (etwa 30 cm lang).

Profibecken

Tiefwasserbereich im Frei- oder Hallenbad.

Programm, motorisches

Ein zentral gespeicherter Bewegungsentwurf, z. B. des Brustbeinschlags, wird als Programm bezeichnet. Die Speicherung sichert dann die zukünftige Ausführung.

Pullbuoy

Auftriebskörper aus Schaumstoff, der bei Armzugübungen zwischen die Beine geklemmt oder bei Beinschlagübungen in den Händen gehalten wird.

Qualle

Schwebeposition bei tiefer Einatmung, z. B. mit Hockschwebe (in Bauchlage und Gesicht im Wasser, Beine angehockt) im Wasser schweben und möglichst lange durch Mund und Nase ausatmen. „Qualle" in Rückenlage ist nicht möglich, denn der Körperschwerpunkt liegt dann oberhalb des Volumenmittelpunktes.

Raddampfer

Eine Einsteigertechnik beim Schwimmen-Lernen. Die Arme schaufeln in Bauchlage in der Vertikalen. Die Armbewegungen sind mit einem Kraulbeinschlag und mit regelmäßiger Ein- und Ausatmung gekoppelt.

Rakete (= Delfinschießen)

Nach einem beidbeinigen Abstoß vom Beckenboden oder von der Beckenwand oder unter der Wasseroberfläche gleiten. Arme in Vorhalte, Gesicht im Wasser, Ausatmung durch Mund und Nase ins Wasser.

Robogging

Joggen im Tiefwasser mit gestreckten Kniegelenken

Ruderboot

Eine Einsteigertechnik beim Schwimmen-Lernen. In Rückenlage paddeln die Hände in Hüfthöhe, die Handflächen sind dabei immer in Bewegungsrichtung angestellt. Das Händepaddeln ist mit einem Rückenbeinschlag und mit regelmäßiger Ein- und Ausatmung gekoppelt.

SchSch

Schwimmschüler

Schere

Der SchSch kickt beim Brustbeinschlag mit einem Bein zum Beckenboden hin und mit der anderen Ferse führt er eine Kreisbewegung aus.

Scheibenwischer

Sculls in Bauchlage. Die Oberarme sind parallel zur Wasseroberfläche positioniert. Die Ellenbogengelenke werden abwechselnd gebeugt und gestreckt. Bei der Extension werden die Unterarme proniert, bei der Flexion supiniert.

SchL

Schwimmlehrer

Schwimmfix

Didaktisches Konzept für den Schwimmunterricht an Primarschulen. Zunächst werden die Basistechniken „Hubschrauber", „Raddampfer" und „Ruderboot", gelehrt/gelernt. Die Schüler können mit den Basistechniken bereits schwimmen, aber sie beherrschen noch keine Schwimmarten. Erst danach werden die Schwimmarten, aufbauend auf den Basistechniken, gelehrt/gelernt.

Seeigel“

s. Hockschwebe

Seepferdchen

Siehe Anhang C.

Seestern

In Bauch- oder Rückenlage schweben (Arme in Seithalte und Beine weit gegrätscht).

Statischer Auftrieb

Der Betrag der zur Wasseroberfläche hin wirkenden Kraft entspricht dem vom Körper verdrängten Wasservolumen.

Strömungswiderstand

Der Betrag des Strömungswiderstands wird wesentlich von der angeströmten Fläche und der Anströmungsgeschwindigkeit bestimmt.

SwimStars

Didaktisches Konzept mit 11 x 5 Lernzielen, die, nachdem sie beherrscht werden, jeweils mit SwimStars-Schwimmabzeichen belohnt werden (s. Anhang B).

Taucherbeine

Metapher für den Kraul- und Rückenbeinschlag.

U-Boot

Nach einem beidbeinigen Abstoß von der Beckenwand unter der Wasseroberfläche gleiten, Arme in Vorhalte, Ausatmung ins Wasser.

B Lernerfolge mit Schwimmabzeichen belohnen

SwimStars – Lernforschritte belohnen

Schwimmen lernen (→ Raddampfer, Ruderboot, Hubschrauber) **(Grobkoordination R, K, BAr)**	
SwimStar Grün 	In **Bauchlage** im bauchtiefen Wasser von der Beckenwand weg (mit Hechtschießen starten) und zur Beckenwand hin (mit Delfinschießen starten) gleiten.
	In **Rückenlage** im bauchtiefen Wasser von der Beckenwand weg (mit Hechtschießen starten) und zur Beckenwand hin (mit Delfinschießen starten) gleiten.
	Aus dem Stand vom Beckenrand **Fußsprung** ins brusttiefe **Wasser.**
	Kopf unter Wasser und große **Blasen „blubbern".**
	Im bauchtiefen Wasser hochspringen und sich auf den **Beckenboden hocken.**
SwimStar Türkis 	**Raddampfer** (>3 m).
	Ruderboot (>3 m).
	Hubschrauber (>3 m).
	Delfinsprünge vorwärts, rückwärts und seitwärts mit kurzen Gleitphasen.
	Nach einem Delfinsprung 3 m mit Kraulbeinschlag **tauchen.**
SwimStar Blau 	**Hockschwebe** in Bauchlage und Ausatmung – Streckschwebe in Bauchlage und Einatmung – Hockschwebe ... (3 × wiederholen).
	Abfaller vorwärts aus einer Hockposition (Arme in Vorhalte).
	5 m **Rücken** schwimmen.
	5 m **Kraul** (Gesicht bleibt noch im Wasser, d. h. noch ohne regelmäßige Ein- und Ausatmung) schwimmen.
	Hechtschießen und dann mit **Brustarmbewegung** schwimmen (>3 m).
Schwimmarten lernen (→ Grobkoordination B, S und Feinkoordination R, K)	
SwimStar Schwarz 	**Kopfsprung** vom Beckenrand und >5 m gleiten (Arme in Vorhalte).
	Nach Abstoß unter Wasser mit **Delfinbewegungen** schwimmen (>5 m).
	Kraul mit regelmäßiger Ein- und Ausatmung schwimmen (>10 m).
	Rücken mit regelmäßiger Ein- und Ausatmung schwimmen (>10 m).
	Brustbeinschlag in Rückenlage (Hände paddeln neben den Hüften) und in Bauchlage (Arme in Vorhalte und Gesicht im Wasser) schwimmen (>5 m).

SwimStar Rot 	Kopfsprung und 50 m Kraul mit regelmäßiger Ein-/Ausatmung schwimmen.
	Abstoß von der Wand in Rückenlage (kurze Gleitphase unter Wasser und Arme in Vorhalte) und 25 m Rücken schwimmen.
	Kopfsprung und 50 m Brust mit einer Gleitphase pro Zyklus und regelmäßiger Ein-/Ausatmung schwimmen.
	Kopfsprung und 3 Delfinaktionen mit Flossen unter Wasser und >10 m Schmetterling mit Flossen schwimmen.
	25 m Brust schwimmen und 3 × eine Rolle vorwärts ausführen.
SwimStar Gold 	Startsprung vom Block und 400 m Kraul schwimmen.
	Startsprung vom Block und 200 m Brust schwimmen.
	Startsprung vom Block und 50 m Schmetterling schwimmen.
	Rückenstart und 200 m Rücken schwimmen.
	Rollwende Rücken und Rollwende Kraul mit 3 Delfinbewegungen nach dem Abstoß.
Technik optimieren	
SwimStar Kraul 	Die Schwimmart Kraul muss technisch korrekt ausgeführt werden (≥10 Punkte bei Fremdkontrolle mit der Checkliste).
	25-m-Sprints mit korrektem Start und mit Delfinbewegungen bis 15 m und mit korrektem Finish.
	15 m vor der Wendewand anschwimmen, Rollwende und Abstoß mit Delfinbewegung bis 15 m.
	5 Kraul-Koordinationsübungen demonstrieren.
	400 m Kraul mit Tempospiel (= Steigerung der Zyklusfrequenz pro Bahn).
SwimStar Rücken 	Die Schwimmart Rücken muss technisch korrekt ausgeführt werden (>10 Punkte bei Fremdkontrolle mit der Checkliste).
	25-m-Sprint mit korrektem Start und mit Delfinbewegungen bis 15 m und mit korrektem Finish.
	15 m vor der Wendewand anschwimmen, Rollwende und Abstoß mit Delfinbewegungen bis 15 m.
	5 Rücken-Koordinationsübungen demonstrieren.
	200 m Rücken mit Tempospiel (= Steigerung der Zyklusfrequenz pro Bahn).
SwimStar Brust 	Die Schwimmart Brust muss technisch korrekt ausgeführt werden (≥10 Punkte bei Fremdkontrolle mit der Checkliste).
	25-m-Sprint mit korrektem Start und mit Tauchzug bis 15 m und mit korrektem Finish.
	15 m vor der Wendewand anschwimmen, Wende und Abstoß mit Tauchzug (mit Delfinkick).
	5 Brust-Koordinationsübungen demonstrieren.
	200 m Brust mit Tempospiel (= Steigerung der Zyklusfrequenz pro Bahn).

SwimStar Schmetterling 	Die Schwimmart Schmetterling muss technisch korrekt ausgeführt werden (≥10 Punkte bei Fremdkontrolle mit der Checkliste).
	25-m-Sprint mit korrektem Start und mit Delfinbewegungen bis 15 m und mit korrektem Finish.
	15 m vor der Wendewand anschwimmen, Wende und Abstoß mit Delfinbewegungen bis 15 m.
	5 Schmetterling-Koordinationsübungen demonstrieren.
	200 m Schmetterling mit Tempospiel (= Steigerung der Zyklusfrequenz pro Bahn).
SwimStar Lagen 	Die 4 Schwimmarten müssen technisch korrekt ausgeführt werden (≥10 Punkte bei Fremdkontrolle mit der Checkliste).
	Korrekter Schmetterlingstart mit Delfinbewegungen bis 15 m schwimmen.
	3 Lagenwenden korrekt ausführen.
	- 15 m anschwimmen und Wende Schmetterling-Rücken. Abstoß mit Delfinaktionen bis 15 m.
	- 15 m anschwimmen und Wende Rücken-Brust. Abstoß und Tauchzug bis 15 m.
	- 15 m anschwimmen und Wende Brust-Kraul. Abstoß mit Delfinbewegungen bis 15 m.
	Pro Schwimmart 3 Koordinationsübungen.
	200 m Lagen mit Tempospiel (= Steigerung der Zyklusfrequenz pro Bahn).

Abb. 22: SwimStars (aus: Reischle, 2016).

Deutscher Jugendschwimmpass (bis 18 Jahre)

Anforderungen:

- Sprung vom Beckenrand und mindestens 200 m schwimmen in höchstens 15 Minuten.
- Einmal 2 m Tieftauchen von der Wasseroberfläche mit Heraufholen eines Gegenstandes.
- Sprung aus 1 m Höhe oder Startsprung.
- Kenntnis der Baderegeln.

C Informationen für Eltern, Lehrer und Schüler

Im Folgenden stellen wir beispielhaft Elterninformationen vor:

Elterninformationen I: Gesundheitszustand des Schwimmschülers

Sehr geehrte Eltern, sehr geehrte Erziehungsberechtigte,

Ihr Sohn/Ihre Tochter .... *(Vorname der Schülerin/des Schülers)* nimmt ab dem .... *(Datum)* jeden .... (Wochentag/Uhrzeit) am Schwimmunterricht der Schule teil. Bitte informieren Sie uns, ob wir im Rahmen des Unterrichts besondere Rücksichten beim Schwimmen, Tauchen und Springen nehmen müssen, die sich aus gesundheitlichen Gründen ergeben.

Bitte geben Sie den nachfolgenden Abschnitt dieses Schreibens ausgefüllt und unterschrieben bis zum .... *(Datum)* an den verantwortlichen Lehrer/die verantwortliche Lehrerin zurück.

Lehrer/in: ______________________________

Sportfachkraft: ______________________________

\- - - - - *bitte hier abtrennen* -

Vorname/Name und Klasse der Schülerin/des Schülers:

____

Bitte ankreuzen:

O Es bestehen keine gesundheitlichen Bedenken, die gegen eine Teilnahme am Schwimmunterricht sprechen.

O Mein/unser Kind kann am Schwimmunterricht teilnehmen, hat aber folgende gesundheitlichen Beeinträchtigungen, die wir den Lehrenden noch vor Beginn des Schwimmunterrichtes persönlich mitteilen:

____

O Mein/unser Kind kann am Schwimmunterricht nicht teilnehmen. Die Ursache teilen wir dem Lehrenden persönlich mit.

Ort, Datum: ______________________________

Unterschrift der/des Erziehungsberechtigten: ______________________________

Elterninformationen II: Die vom Schwimmschüler benötigten Materialien

Sehr geehrte Eltern, sehr geehrte Erziehungsberechtigte,

Ihr Kind benötigt für den Schwimmunterricht

- ein größeres Handtuch und ein kleineres für die Haare,
- eine Badehose oder einen Badeanzug,
- Duschgel oder Seife,
- Bademäntelchen,
- Badeschlappen,
- aber keine Schwimmbrille.

Am Schwimmtag kleiden Sie Ihr Kind bitte so, dass es sich gut und schnell umziehen kann. Außerdem sollte Ihr Kind in der kalten Jahreszeit eine Mütze oder einen Anorak mit Kapuze tragen.

Elterrninformation III: Fertigkeitsniveau des Schwimmschülers

Sehr geehrte Eltern, sehr geehrte Erziehungsberechtigte,

nach dem ersten Schwimmkurs kann Ihr Kind noch nicht ohne einen Elternteil ins Hallen- oder Freibad oder in einen Fluss oder in einen See oder ins Meer, d. h. es muss beim Baden und Schwimmen ständig beaufsichtigt werden.

Mit Ihrer Unterschrift bestätigen Sie, dass Sie Kenntnis davon haben, dass .... *(Vorname der Schülerin/des Schülers)* noch keine sichere Schwimmerin/kein sicherer Schwimmer ist.

Datum/Unterschrift:

____

Sehr geehrte Eltern, sehr geehrte Erziehungsberechtigte,

.... *(Vor- und Nachname der Schülerin/des Schülers)* hat die Anforderungen des Deutschen Jugendschwimmabzeichens Bronze bewältigt, d. h. .... *(Vorname der Schülerin/des Schülers)* kann mit Freunden ein Schwimmbad besuchen.

Datum/Unterschrift der/des Lehrenden:

____

D Schwimmfix-Lied

Plitsch, platsch, Schwimmfix

Text und Musik:
Wolfgang Schmid,
Wilfried Rokoss

Strophen

1. Zuerst lernten wir den Hubschrauber.
   Dann das Ruderboot – wir mochten es so sehr.
   Mit Froschbeinen wurden wird ganz schnell
   und dann schwammen wir wie Arielle.

   Refrain:

2. Den Studis macht es allen Spaß
   und die Lehrer werden nicht mehr nass.
   Wir lernten Schwimmen, Tauchen und auch Springen
   um am Ende das Seepferdchen zu erringen.

   Refrain:

3. Durch Schwimmfix kann man nur gewinnen.
   Die Kinder können ihr Leben lang jetzt schwimmen.
   Die Badehosen sind nicht mehr im Schrank,
   dafür sagen wir ganz herzlich vielen Dank.

   Refrain:

4. Durch uns'ren Lehrer sind wir alle hier.
   Deshalb danken wir ganz toll dafür.
   Und wenn wir alle zusammen für ihn singen
   wird er jetzt für uns ins Wasser springen.

   Refrain:

E Literatur

Andreas, P. (1965). *Schwimmen: Lernen-Trainieren-Kämpfen* (4. Auflage). Frankfurt: Limpert.

Beck, F. & Wagner-Hans, M. (2012). Dopamin in der Sporthalle: Motorisches Lernen aus neurowissenschaftlicher Perspektive-Relevanz für den Sportunterricht? *sportunterricht, 61* (7), 204–208.

Berndt, I. (1998). Wie motiviere ich meine Schülerinnen und Schüler? In Bielefelder Sportpädagogen (Hrsg.), *Methoden im Sportunterricht* (3. Auflage) (S. 187–202). Schorndorf: Hofmann.

Bernstein, N. A. (1969). *The Coordination and Regulation of Movements.* London: Pergamon.

Bielefelder Sportpädagogen (1998). *Methoden im Sportunterricht* (3. Auflage). Hofmann. Schorndorf

Bizer, M. & von Alberti, V. (2016). *Schneesport an Schulen.* Unveröffentlichte CD. Ludwigsburg: Landesinstitut für Schulsport.

Buchner, W. (2006). *1001 Spiel- und Übungsformen im Schwimmen.* Schorndorf: Hofmann.

Delius, J. D. & Todt, E. (1987). Lernen. In Deutsches Institut für Fernstudien (Hrsg.), *Funkkolleg Psychologie* (S. 11–67). Weinheim, Basel: Beltz.

Durlach, F.-D. (1998). *Erlebniswelt Wasser – Spielen, Gestalten, Schwimmen.* Schorndorf: Hofmann.

Ekmann, P. (2009). Können wir beeinflussen, was uns emotional werden lässt? In A. Sentker & F. Wigger (Hrsg.), *Schaltstelle Gehirn – Denken, Erkennen, Handeln* (S. 113–130). Heidelberg: Spektrum.

Flitner, A. (1984). Isolierung der Generationen? Über Orientierungsschwierigkeit der heutigen Jugend. *Neue Sammlung, 24,* 345–355.

Gabler, H. (1982). Zum Problem der Angst. In G. Volck (Hrsg.), *Schwimmen in der Schule Anfängerschwimmen* (S. 149–156). Schorndorf: Hofmann.

Gildenhad, N. (1986). *Vielseitiges Anfängerschwimmen in Schule und Verein* (2. Auflage). Schorndorf: Hofmann

Hafner, S., Reischle, K., Schmidt, W. & Donalies-Vitt, J. (2012). *Schwimmfix – Schwimmen fix gelernt.* Schorndorf: Hofmann.

Hossner, E. J. & Künzell, St. (2003). Motorisches Lernen. In H. Mechling & J. Munzert (Hrsg.), *Handbuch Bewegungswissenschaft – Bewegungslehre* (S.131–154). Schorndorf: Hofmann.

Kurz, D. (2008). Der Auftrag des Schulsports. *sportunterricht, 57,* 211–218.

König, S. (2014). *Fitte Schüler, bessere Schüler? Zukünftige Aufgaben des Schulsports.* Vortrag an der Universität Tübingen (02.07.2014).

Marschall, F., Bund, A. & Wiemeyer, J. (2007). Does frequent augmented feedback really degrade learning? A meta-analysis. *E-Journal Bewegung und Training, 1,* 74–85.

Meyer, H. (2007). *Leitfaden Unterrichtsvorbereitung.* Berlin: Cornelius Scriptor.

Ministerium für Kultus, Jugend und Sport (2006). *Prävention und Rettungsfähigkeit im Schwimmunterricht sowie beim Aufenthalt am und im Wasser bei außerunterrichtlichen Schulveranstaltungen.* K u U 7 v. 04.04.2007 [http://www.kultusportal-bw.de/LIS,Lde/Startseite/LIS_Akademie/Erlasse].

Möller, M. (1993). Psychologische Probleme im Anfängerschwimmen. In K. Reischle, K. Wilke & F. Durlach (Hrsg.). *Schwimmen 2000.* (S. 145–163). Bockenem: Fahnemann.

Olivier, N., Rockmann, U. & Krause, D. (2013). *Grundlagen der Bewegungswissenschaft und -lehre* (2. Auflage). Schorndorf: Hofmann.

Rheker, U. (2011). *Alle ins Wasser* (3. Auflage). Aachen: Meyer & Meyer.

Reischle K. (2000). *Schwimmen.* Frankfurt/Main: Diesterweg/Sauerländer.

Reischle, K. & Buchner, M. (2008). *SwimStars.* Schorndorf: Hofmann.

Reischle, K., Buchner, M., Rudolph, K. & Roder, C. (2016). *SwimStars* (3. Auflage). Schorndorf: Hofmann.

Reischle, K. & Kandolf, W. (2015). *Schwimmen lernen, Grundlagen trainieren.* Schorndorf: Hofmann.

Richter, F (2006). *Lernen, Spiel und Sport im Bewegungsraum Wasser.* NRW: Sportjugend.

Roth, K. (1998). Wie lehrt man schwierige geschlossene Fertigkeiten? In Bielefelder Sportpädagogen (Hrsg.), *Methoden im Sportunterricht* (3. Auflage) (S. 27–46). Schorndorf: Hofmann.

Roth, K. (2005). *Wie erlernt und optimiert man komplexe sportliche Techniken?* Heidelberg: Institut für Sport und Sportwissenschaft.

Roth, K., Damm, T., Pieper, M. & Roth, C. (2014). *Ballschule in der Primarstufe.* Schorndorf: Hofmann.

Rudelgast, S. (2010). *Eine Quantifizierung der Lernfortschritte beim Anfängerschwimmen. Unveröffentlicht. Wissenschaftliche Arbeit.* Heidelberg: Institut für Sport und Sportwissenschaft.

Rudolph, K. (2008). *Lexikon des Schwimmtrainings.* Hamburg: Präzi-Druck.

Schädle-Schardt, W. (1999). Überlernen – Ein zu Unrecht vergessenes Forschungsfeld. *Sportwissenschaft, 29,* 1–16.

Söll, W. (1996). *Sportunterricht – Sport unterrichten: Ein Handbuch für Sportlehrer.* Schorndorf: Hofmann.

Stemper, H. & Kels, J. (2016). Schwimmfähigkeit im Kindesalter-Bedeutung, Definition, Prävalenz. *sportunterricht, 65*, 2–9.

Thévenot, M. (1798). *Art de Nager.* Paris.

Volkamer, M. (1987). *Von der Last mit der Lust im Schulsport.* Schorndorf: Hofmann.

Wilke, K. (2007). *Schwimmen lernen.* Aachen: Meyer & Meyer.

Wilke, K. (2014). Stiefkind des Schulsports: Schulschwimmen. In W. Freitag (Hrsg.), *Schwimmen – Lernen und Optimieren* (S. 20–25). Rüsselsheim. Deutsche Schwimmtrainer Vereinigung.

Wiemann, J. (2003). Motorisches Lernen-Lehrmethoden und Übungsgestaltung. In H. Mechling & J. Munzert (Hrsg.), *Handbuch Bewegungswissenschaft – Bewegungslehre* (S. 405–428). Schorndorf. Hofmann.